JN415502

도시의 다음 문장 : _ _ _ _ _ _ _

최대호 에세이

도시의 다음 문장 :

도서출판 은빛

추천사

임혁백

고려대학교 정치외교학과 명예교수

도시는 그 안에 사는 사람들의 삶과 민주적 제도가 함께 성장할 때 더 큰 가능성을 드러냅니다. 한국 민주주의와 지방자치의 발전 경로를 연구하면서 시민의 일상에서 작동하는 민주주의가 국가 전체의 성숙도를 결정한다는 사실을 확인해 왔습니다. 그런 관점에서 『도시의 다음 문장』은 지방정부가 어떤 철학과 태도로 도시를 이끌어갈 때 시민의 신뢰와 참여가 확장되는지를 명확하게 보여 주는 의미 있는 기록입니다.

이 책은 안양이라는 도시가 최근 몇 년간 준비해 온 변화의 방향을 보여줍니다. 돌봄의 공공성 강화, 도시 인프라의 미래지향적 재구성, 기후위기 시대의 정책 전환, 아동·청소년·노인·장애인 등 각 세대와 집단을 아우르는 보편적 접근, 그리고 지역경제의 지속 가능성을 향한 전략이 하나의 비전으로 연결되어 있습니다. 행정의 기술적 측면을 넘어 시민의 존엄을 중심에 둔 정책 철학이 지속적으로 흐르고 있으며, 이 흐름은 도시 운영의 일관성과 책임성을 강화합니다.

민주주의는 제도적 설계와 행정 역량이 만나는 지점에서 실질적인 힘을 갖습니다. 안양의 최근 정책들이 시민의 참여를 넓히고 행정의 투명성을 높이며, 지역 공동체의 자생력을 강화하는 방향으로 전개되고 있다는 점을 깊이 인상적으로 보았습니다. 이러한 변화는 도시가 미래로 나아가는 과정에서 매우 중요한 자산이며, 시민들에게 신뢰를 제공하는 공적 리더십의 기반을 형성합니다.

『도시의 다음 문장』은 한 도시의 행정 철학과 실천이 어떻게 조화를 이루는지를 보여 주는 귀중한 사례입니다. 독자들은 이 책을 통해 지방정부가 미래 사회에서 감당해야 할 역할과 책임을 자연스럽게 이해하게 될 것입니다. 또한 안양이 지향하는 비전이 단기간의 계획이 아니라 시민의 삶을 중심에 두는 장기적 전략이라는 점도 확인하게 됩니다.

안양이 앞으로도 이러한 흐름을 이어가길 바랍니다. 시민이 도시의 변화를 체감하고 그 과정에 참여할 수 있는 환경이 넓어질수록 지역 민주주의는 더 깊이 뿌리내릴 것입니다. 이 책이 그러한 여정의 중요한 이정표가 되기를 기대하며, 안양의 미래가 더욱 단단하게 성장하길 응원합니다.

강남훈

한신대학교 명예교수

『도시의 다음 문장』을 펼치는 순간, 우리는 한 도시가 복지와 경제, 삶의 모든 접점에서 기본권 보장과 공유 가치 확보라는 새로운 원칙을 어떻게 실천할 수 있는지를 목격하게 됩니다. 안양시는 경기도와 더불어 청년기본소득 제도를 통해 만 24세 청년에게 지역화폐로 연 최대 100만원을 지급하며 지역경제 활성화와 사회적 기본권 확보를 동시에 구현해 왔습니다. 그 실천은 한국형 기본소득 논의에서 제안되어 온 '보편적 서비스와 삶의 안전망'이라는 핵심 지향점과 정확히 궤를 같이합니다.

저간의 기본소득에 관한 연구는, 기술혁명과 양극화가 심화되는 시대에 있어 도시와 지방정부가 민간이 제공하지 못하는 사회적 부(富)를 공동체 차원에서 배분하는 역할을 해야 한다는 결론에 이르렀습니다. 이 책은 안양시가 채택한 현실정책을 부드럽게 보여 줍니다. 돌봄의 연결과 시민의 생애 주기에 따라 복지 인프라를 강화하겠다는 결심이 돋보입니다. 지역경제와 연계한 지원체계 설계도 긍정적입니다.

지방정부의 역할이 단순히 국비를 배정받아 집행하는 차원을 넘어, 복지·경제·공공 서비스가 유기적으로 결합된 패러다임으로 진화하고 있다는 점이 이 책을 통해 분명해집니다. 이러한 맥락에서 안양시는 변화하는 사회와 경제의 구조에 발맞춘 도시로 자리매김하고 있으며, 미래지향적인 정책 설계자가 실제로 현장에서 이를 구현해 왔다는 신뢰가 생깁니다.

독자 여러분께 안양시의 이 여정이 단지 현재의 성과에 머무르지 않고, 앞으로도 지속 가능하고 확장 가능한 형태로 발전해 나가기를 권합니다. 『도시의 다음 문장』은 그 가능성을 담보하는 정책 기록이자 비전서이기 때문입니다. 이 도시의 다음 한 걸음에 시민의 삶이 더 안정되고 풍요로워지기를 기대합니다.

김진향

전) 개성공업지구 지원재단 이사장

최대호 시장님의 책 『도시의 다음 문장』을 읽으며 흐뭇한 마음으로 안양시를 떠올립니다. 관악산과 삼성산이 병풍처럼 감싸고 숲과 숲, 골을 따라 안양천이 흐르는 참으로 포근한 안양시가 머리 속에 그려집니다.

관악산 남쪽, 삼성산을 품은 안양시가 보물처럼 자리하고 있음을 안 것은 사실 오래지 않았습니다. 안양의 여름 숲과 초가을 낙엽을 밟으며 서울대 안양수목원을 따라 삼성산과 관악산을 걸으며 감탄하고 감탄했던 천혜의 도시가 안양이었습니다. '서울의 남쪽,

관악산의 남쪽에 이런 보석 같은 도시들이 있구나' 참 작지 않은 감동이었습니다.

안양시청 공무원 강연을 계기로 최대호 시장님과 소중한 인연을 맺었습니다. 보랏빛 FC안양 한 명, 한 명 모든 선수의 등번호와 이름까지 기억하시는 시장님을 뵈면서 최대호 시장님의 안양 사랑이 진짜 찐임을 제대로 느낄 수 있었습니다.

최대호 시장님의 책 『도시의 다음 문장』을 읽으며 또 놀랍니다. 안양이라는 한 도시가 공동체=시민의 힘을 바탕으로 결국 전체 시민의 행복하고 평화로운 삶을 구조적으로 만들어 가는 모습을 확인했습니다. 저는 오랫동안 개성공단과 한반도 평화를 위한 다양한 현장에서 이러한 순간들을 많이 경험해 왔고, 그 과정에서 '평화는 사회적 자본'이라는 확고한 생각을 갖게 되었습니다.

안양의 사례는 그 생각과 자연스럽게 이어집니다. 민간 협치의 확장을 통해 평화·통합·연대의 감수성을 행정과 지역사회 속에서 구현해 왔습니다. 시민과 함께한 평화 기념 사업, 서로의 다름과 차이를 맞고 틀림이 아닌, 다름과 차이로 조화롭게 평화로 조정하는 정책이 지속적으로 이어졌다는 점에서 안양의 저력을 확인했습니다.

최대호 시장님의 『도시의 다음 문장』은 이러한 여정을 충실하게 담아낸 기록입니다. 안양이 앞으로도 연대와 협력의 에너지를 키워 가길 진심으로 바랍니다. 평화는 도시의 미래를 지탱하는 가장 강한 자산이며, 그 자산이 확장될수록 시민의 삶은 더욱 단단해질 것입니다. 『도시의 다음 문장』이 그 길을 함께 밝히는 소중한 기록으로 남기를 기대합니다.

추천사

김형석

작곡가

『도시의 다음 문장』을 펼치며 저는 한 도시가 품을 수 있는 온기와 숨결에 대해 다시 생각하게 되었습니다. 음악은 언제나 사람의 마음에서 출발합니다. 도시도 결국 사람의 집합이기에, 도시가 들려주는 이야기는 시민 한 분 한 분의 삶에서 피어오릅니다. 안양이 지난 시간 보여 준 변화는 이 따뜻한 흐름 위에서 만들어진 것이며, 저는 그 과정을 가까이에서 지켜보며 여러 순간 감동을 받았습니다.

최대호 시장님이 처음 춤축제를 이야기하던 날이 떠오릅니다. 도시가 스스로 움직이기 시작할 때 어떤 음악이 어울릴지, 어떤 리

듣이 시민의 마음을 열어 줄지 함께 이야기했습니다. 시장님께서는 춤과 음악이 사람을 잇는 힘을 오래전부터 믿고 계셨습니다. 저는 그 믿음이 좋았습니다. 그래서 주제가를 만드는 과정에서도 자연스럽게 마음을 쏟을 수 있었습니다. 시민들께서 그 노래를 부르며 서로에게 손을 내밀었다는 이야기를 나중에 들었을 때, 도시의 문화가 얼마나 멀리 퍼질 수 있는지 새삼 느꼈습니다.

시민이 만들어 가는 축제는 생각만 해도 뭉클합니다. 안양의 축제와 예술, 공동체와 시민의 이야기가 생생하게 살아 있습니다. 저는 안양의 문화 예술이 발전하는 방식이 미래의 도시가 가져야 할 요건이라고 생각합니다. 문화는 도시의 장식이 아니라, 시민의 일상을 부드럽게 감싸는 공기와 같습니다. 도시가 예술을 품을 때 삶은 더 깊고 풍요로워집니다.

여러 지역을 다닐 때마다 '도시가 문화를 대하는 태도'가 그 도시의 내일을 결정한다는 사실을 느낍니다. 안양은 그 부분에서 흔들림 없는 시선을 가지고 있다고 생각합니다. 시민의 참여를 소중히 여기며, 도시의 이야기를 문화와 예술로 번역하는 시도는 쉬운 일이 아닙니다. 하지만 안양은 그 길을 꾸준히 걸어왔고, 앞으로도 그 온기를 잃지 않을 것이라고 믿고 싶습니다.

『도시의 다음 문장』은 안양이 만들어 온 문화의 리듬을 보여 주는 책입니다. 이 도시의 향기가 더 넓은 세상으로 퍼져 가길 바라며, 안양이라는 무대에서 새로운 장면들이 계속해서 열리기를 진심으로 응원합니다. 도시가 음악처럼 시민에게 힘이 되고 위로가 되기를, 그리고 이 기록이 그 여정을 아름답게 비추는 한 줄기 빛이 되기를 바랍니다.

이원종

배우

사람의 삶은 진심을 만났을 때 더 깊은 숨을 쉬게 됩니다. 정치도 그렇고, 행정도 그렇다고 믿습니다. 저는 배우로서 수십 년간 무대와 카메라 앞에서 수많은 인물의 삶을 연기해 왔습니다. 본질은 언제나 같습니다. 진심으로 시민을 바라보는 리더를 만났을 때 도시의 방향이 선명해집니다. 『도시의 다음 문장』을 읽으며 한 도시가 어떻게 시민의 삶을 중심에 두고 성장해 왔는지를 깊이 느꼈습 니다.

안양에서 지난 몇 년간 이루어진 변화는 단단한 철학과 꾸준한 실천에서 비롯된 결과라고 생각합니다. 도시가 바뀌는 과정은 결코 단순하지 않지만, 제가 방문했던 안양에는 앞으로 나아가려는 확실한 힘이 있었습니다. 그 힘의 중심에서 시민과 현장을 바라보는 시선이 흔들리지 않았다는 사실을 저는 기억합니다.

이 책에는 그 시간이 정직하게 담겨 있습니다. 돌봄 체계의 확장, 문화와 예술의 가치 회복, 생활정치의 강화, 아동·청년·장애·노인에 이르는 촘촘한 보편 정책, 도시를 오가는 교통과 공간의 개선, 그리고 공동체를 다시 묶어내는 여러 사업까지, 모두 시민의 삶에 닿는 정책이었습니다. 사람을 이해하며 표현하려고 노력해 온 저의 시선으로도, 이 책이 보여 주는 안양의 변화는 충분히 설득력이 있고 진정성이 있습니다.

한 사회가 건강해지기 위해서는 예술과 민주주의, 그리고 공동체의 원칙이 균형을 이루어야 한다고 믿습니다. 예술은 사람을 인간답게 만들고, 민주주의는 사회를 안전하게 지키며, 공동체는 시민을 서로에게 기대게 합니다. 이번 책은 안양이라는 도시가 그 세 가지 축을 어떻게 조화롭게 이어왔는지를 보여주는 기록입니다. 이런 기록은 방향을 아는 사람과, 책임을 아는 사람이 있을 때 가능합니다.

안양이 앞으로도 시민의 삶을 중심으로 한 걸음 더 나아가길 진심으로 바랍니다. 도시의 미래는 결국 사람에게 달려 있고, 그 사람들의 삶을 지켜낼 힘을 가진 도시가 오래갑니다. 『도시의 다음 문장』이 안양의 내일을 더 밝게 여는 중요한 이정표가 되기를 응원드립니다.

이영민

부천FC1995 감독

도시와 축구구단이 만날 때, 우리는 단순히 경기장을 채우는 환호가 아닌 공동체의 응집력을 목격하게 됩니다. 구단이 존재하는 이유는 승리만이 아니라, 시민이 구단을 통해 '나의 도시'임을 느끼고, 그 소속감이 일상으로 이어질 때 더욱 강해진다는 점입니다. FC안양은 바로 그 가능성을 품은 팀이며, 제가 바라보는 그 방향성은 도시 전체가 함께 뛰는 하나의 팀이라는 이상입니다.

안양시가 FC안양을 통해 보여준 신호는 분명합니다. 지역주민이 구단을 응원하는 것이 단순한 여가 활동이 아니라 도시 공동체의 축적이라는 믿음이 깊게 깔려 있습니다. 경기장에서 주민들이 함께 함성을 내고, 지역 브랜드로서 구단이 자리매김하는 동안 도시는 내부적으로도 단단해집니다. 바로 FC안양이 걸어온 길입니다. 축구를 비롯한 스포츠 경기가 지역에 확실히 뿌리내릴 때 인프라, 시민참여, 지역경제, 문화공간까지 확대됩니다.

구단 운영이 투명하고 지속 가능할 때 시민의 신뢰가 따라오고, 신뢰는 다시 경기장 밖에서도 귀결됩니다. FC안양이 '시민과 함께하는 구단'이라는 비전을 제시해 왔다는 사실은 무척 인상적입니다. 이전에 다른 도시에서는 축구가 외부 유흥처럼 머무를 때가 많았지만, 안양의 경우 그 위치가 온전히 시민생활의 일부로 자리잡고 있습니다. 안양의 방식은 도시 브랜드를 넘어선 도시 정체성으로 이어질 역량을 담고 있습니다.

저는 도시가 구단을 통해 얻는 가장 큰 자산이 '소속감'과 '이동 없는 응원'이라고 생각합니다. 그 응원이 주말 경기장만을 위한 것이 아니라 평일 거리에서도, 학교와 직장 안에서도, 주민들의 대화 안에서도 자연스럽게 흐를 때 비로소 축구는 도시의 힘이 됩니다. FC안양이 이제까지 보여 준 움직임은 그 방향에 성큼 다가서 있다는 증거입니다.

안양은 앞으로도 이 팀을 중심으로 '시민과 도시가 함께 뛰는 구조'를 더욱 가다듬어 가시길 바랍니다. 구단이 한 시즌의 성적을 넘어 도시의 미래를 이야기할 수 있을 때, 그 비전이 현실이 됩니다. 저는 FC안양이 그 현실을 만들어 가는 중심축이라는 믿음을 갖고 있습니다. 『도시의 다음 문장』이 경기장의 휘슬처럼 울려 퍼지는 순간, 안양시민 모두가 그 문장의 주인공이 되기를 진심으로 기대합니다.

목차

들어가는 글

도시는 스스로 움직이지 않습니다. 도시를 움직이는 것은 결국 시민의 마음과 손, 그리고 그 마음을 연결하는 행정의 역할입니다. 시장으로 일하는 동안 저는 안양이라는 도시가 얼마나 섬세하고, 얼마나 단단하며, 또 얼마나 빠르게 변화를 흡수하는 곳인지 매일같이 실감해 왔습니다. 안양은 크지 않은 도시지만, 작은 도시가 결코 작은 역사를 만들지 않는다는 사실을 우리는 지난 몇 년 동안 함께 확인했습니다. 기후위기와 산업 전환, 인구 구조의 변화, 민주주의의 흔들림까지, 우리가 겪은 모든 시대적 도전 앞에서 안양은 조용하지만 정확하게, 뒤로 물러서지 않고 새로운 길을 선택해 왔습니다.

저는 이 책에서 그 선택의 기록을 담고자 했습니다. 정책의 나열이 아니라, 도시가 어떻게 현재의 자기 자신을 뛰어넘어 미래를 스스로 설계해 왔는지에 대한 이야기입니다. 기술과 안전, 돌봄과 교육, 청년과 산업, 문화와 민주주의가 각각 존재하는 개별 항목이 아니라 사실은 하나의 흐름임을 독자께 보여 드리고 싶었습니다. 도시의 미래는 어느 한 부서의 성과나 단일 정책의 성공으로 완성되지 않습니다. 도시의 모든 과제는 서로 연결되어 있고, 그 연결을 묶어내는 힘이 곧 행정의 철학이며, 시민의 선택이며, 도시의 방향입니다.

특히 지난 2024~2025년, 대한민국은 민주주의의 위기를 겪었습니다. 많은 분들이 저에게 이렇게 물었습니다. "시장님, 안양은 괜찮을까요?" 그 질문 속에는 단순한 정치적 불안이 아니라 도시의 미래를 향한 깊은 걱정이 담겨 있었습니다. 저는 그때 더 분명하게 깨달았습니다. 지방정부가 민주주의의 가장 앞선 현장이며, 시민의 삶을 지키는 일과 민주주의를 지키는 일은 결코 분리될 수 없다는 것을. 안양이라는 도시의 안전과 품격, 시민의 권리를 지키기 위해 때로는 가장 앞에 서기로 했습니다. 이 책에는 그 선택의 이유와 맥락도 함께 담았습니다.

안양은 지금 '다음'을 준비하는 도시입니다. 단단하게 재편되는 도시의 공간, 기후위기와 산업 변화 속에서 새롭게 떠오르는 녹색·AI 기반 산업, 청년이 다시 도전할 수 있는 생태계, 시민이 스스로 도시의 문제에 참여하는 생활민주주의까지. 우리는 이미 다음 시대의 조건을 차근히 만들고 있습니다. 물론 아직 많이 부족합니다. 도시의 완성은 언제나 미완성으로 남기 마련이니까요. 그러나 저는 확신합니다. 안양은 이미 다음 문장을 쓸 준비를 마친 도시라는 것을.

이 책의 마지막 문장을 독자가 채울 수 있도록 비워 둔 이유는 하나입니다. 도시의 미래는 결코 시장 혼자의 문장으로 완성되지 않기 때문입니다. 이 책은 '제가 만든 안양'이 아니라 '우리가 함께 만든 안양'의 기록입니다. 그리고 앞으로도 안양의 다음 문장은 시민 한 사람, 한 사람의 손에서 쓰일 것입니다.

이 도시의 다음 문장을 함께 써 주십시오. 저는 그 문장을 가장 가까운 곳에서 지켜보고, 연결하고, 책임지겠습니다.

2025. 12. 19.
안양시장 최대호

1장

안전한 도시가 시민을 지킵니다

"안전은 행정의 기본이자, 시민 행복의 출발점입니다."

시민의 안심이 곧 행정의 보람입니다.

안양의 하루는 '안전'으로 시작해 편안함으로 마무리됩니다.

행정의 본질은 시민의 삶을 지켜내는 일입니다.

그중에서도 안전은 모든 정책의 출발점이라 할 수 있습니다.

안양시는 '사람 중심의 안전 도시'가 되기 위해

쉼 없이 걸어왔습니다. AI 기술이 시민의 생명을 지키고,

스마트 행정이 일상의 불안을 줄이는 도시.

그것이 제가 꿈꾸는 안양의 모습이었습니다.

진동욱

국가유공자 대한민국무공수훈자회 안양시지회 지회장

대한민국 무공수훈자회 안양시지회장 진동욱입니다.

오늘도 갑자기 선양(宣揚)행사가 있어서 분주하네요. 선양행사는 우리 무궁수훈자회에서 치르는 중요한 의무입니다. 선양행사는 국가유공자의 공훈을 널리 알리는 걸 말하는데 국가유공자가 세상을 떠날 때 후배들이 찾아가 갖추는 의례를 말합니다. 우리 안양시에는 약 6천 5백여 명의 보훈대상자가 있습니다.

국가유공자가 세상을 떠나면 태극기와 근조기를 가지고 장례식장에 갑니다. 태극기로 관을 싸고 저희 무공수훈자회 동지들이 관을 같이 들기도 합니다. 태극기로 관을 덮는 관포식과 단체 조문, 영현 운구를 합니다. 종이로 된 유골함을 전달해드려요. 이분들은 돌아가신 뒤에 현충원에 묻히게 되는데, 현충 시설은 유골함이 모두 통일되어 있어서 화장을 한 뒤에 유해를 종이 유골함에 넣었다가 현충원이나 국립호국원으로 보내 드립니다. 종이 유골함은 환경적 측면을 고려한 겁니다. 공적서까지 네 가지를 가져갑니다. 동지들이 장례식에서 조문을 하며 공적을 읽고 국가가 당신을 기억한다고 말씀드리는 거죠. 이런 선양행사를 위해서 국가보훈부와 지방정부에서 같이 이 예산을 함께 준비해 줍니다. 안양시는 1년에 13회 정도 선양행사에 대한 예산을 지원합니다. 사실 돌아가시는 분은 더 많습니다만, 차차 나아지겠죠. 한 분 한 분 돌아가실 때마다 국가와 국민의 역할에 대해서 생각하게 됩니다.

슬픔은 나누면 작아지겠죠. 한 명의 무공수훈자가 이 세상에서 사라지는 것은 가슴 아픈 일이지만 그분이 여러 사람을 위해 희생한 정신은 우리들에게 남게 됩니다. 가시는 길을 열어 드리는 일은 영광스럽습니다.

보훈부에 등록되어 있는 안양시의 무공수훈자 회원은 1천 5백명 정도 되는데 무공수훈자회에 가입한 분들은 300여 명 정도입니다. 가입을 하지 않아도 안양시에서 혜택을 주게 되죠.

유공자들은 지방정부에서 보훈명예수당을 지급합니다. 우리 안양시는 분기별 30만 원을 지원했다가 2025년에 분기별 36만 원으로 상향 조정했습니다. 고마운 일입니다. 하지만, 중앙정부의 일관성 있는 지원이 더욱 절실합니다.

“보훈대상자와 유족들에 대한 예우와 지원은 우리 사회가 지켜야 할 소중한 가치입니다. 재정 상황이 여의치 않지만, 보훈대상자들의 생활 안정과 복지 향상을 위해 인상을 결정했습니다.” - 2025년 1월 최대호 안양시장

저는 은퇴 후에 경비지도사, 요양보호자, 장례지도사 자격증을 땄어요.

2020년 코로나 팬데믹이 시작되고 얼마 되지 않아서, 제 동기가 코로나로 세상을 먼저 떠났습니다. 너무 안타까웠죠. 제가 할 수 있는 일이 없나 생각하다가 동안보건소를 찾아가 13개월 동안 코로나 검사소 지원 봉사를 했습니다. 코로나 임시 검사소가 문을 닫으면서 동안노인회관에서 하루 5백명의 점심 배식 봉사를 하게 되었습니다. 그때 어떤 분이 참 품위 있게 정기적으로 나오길래 누군가 궁금했습니다. 나중에 시장님 사모님이라는 걸 알게 되었어요. 여기저기 알리지도 않고, 참 마음이 좋더군요. 시장님도 가끔 뵈면 노인들에게 진심이라는 게 전해집니다. 시장님이 저보다 젊지만 형님처럼 든든합니다. 마음이 있으면 느끼게 되지 않습니까. 인상도 좋지만 진심으로 환대한다는 걸 자주 느낍니다. 시민을 존경하는, 또 우리같이 나이든 노인의 이야기를 경청해 주는 모습이 참 고맙습니다.

무공수훈자회에서 선양행사를 하다보니 제가 보다 품격 있게

우리 선배님들을 보내드리는 게 좋겠다는 생각이 들어서 장례지도사 자격증을 땄습니다. 유족들도 위로하고 어떻게 하면 이 일을 더 경건하게 잘 할 수 있을까 고민하다보니 장례지도사 자격증 공부를 하는 게 좋겠더군요. 사실 무공수훈자회 하나만 생각하고 자격증을 땄는데 안양시에서 무연고자 장례를 지원하지 않습니까? 그래서 거기서도 봉사를 할 수 있게 되었어요.

안양시의 공영장례는 2025년에 행정안전부 정부혁신 최고 사례에 선정되었어요. 종교단체나 상조업체에 위탁하지 않고 시민공영장례봉사단이 높은 평가를 받았다더라고요. 안양장례식장과 메트로병원 장례식장에서 장례 물품하고 빈소를 제공해 줍니다. 저희는 안양시자원봉사센터에서 공영장례봉사단을 꾸려 운영하는데 이름은 리멤버입니다. 기억한다는 뜻이죠. 저희 봉사단이 대리 상주를 하는 셈이죠. 무연고로 돌아가신 분들이 발견되면 장례부터, 봉안, 안치, 산골까지 저희가 마지막 가시는 길까지 동행하고 있어요.

"시민이 주축이 되는 안양시 공영장례서비스가 국내 최고 사례로 인정받아 매우 뜻깊습니다. 앞으로도 무연고 사망자가 소외되지 않고 존엄하게 삶을 마무리할 수 있도록 사회적 책임을 다하겠습니다." –2025년 9월, 최대호 안양시장 저는 오랜 군생활로 여러 곳에서 살아 봤습니다. 안양에 정착하게 되면서 참 아름답고 좋은 도시에서 노년을 보내게 되어 무척 감사합니다. 동편마을에 사는데 산세가 좋고 아늑한데다가 바로 앞에 안양천이 있어 풍요롭죠. 공기 좋고 포근한 곳에 자리잡게 되어 정말 감사합니다.

안양이 참 좋은 도시지만 이래저래 어려운 분들이나 돌봄이 필요한 이웃들은 항상 있습니다. 항상 시민들의 말에 귀기울여 듣는 시장님과 공무원들도 어떻게든 고민하고 불편한 점을 해결하려고 노력하는 모습이 아름답습니다. 제가 할 수 있는 일도 있고 또 생각지도 않게 안양시의 행정과 잘 맞물려서 사회적 역할을 다할 수 있게 되어 지금 정말 행복합니다. 안양시가 나라에서 상도 많이 받던데 모두가 한마음으로 애쓰기 때문이겠죠.

안양시는 인권을 존중하는 곳입니다. 앞으로도 안양시의 발전과 더불어 소외된 곳을 함께 살피는 지금의 모습을 이어나가길 바랍니다.

행정이 미소지을 때 시민의 일상이 풍요로워집니다. 도시의 품격은 인권존중에서 출발합니다. 스마트 도시 안양은 안전이 행정의 첫 번째 임무입니다. 특히 나이가 들어도 존엄을 지키며 살아갈 수 있는 도시, 마지막 순간까지 '기억되는 삶'을 보장하는 도시를 지향합니다.

안양시는 시민과 함께 하는 스마트 행복 도시 안양이라는 비전을 지켜왔습니다. 첨단 정보통신기술(ICT)를 도시 행정에 적극적으로 융합하며 변화를 선도합니다. 안양시가 지향하는 '스마트'는 첨단 정보통신기술을 활용하여 주요 도시 공공기능을 네트워크화한 '똑똑한 도시'를 말합니다. '행복도시'는 언제 어디서나 시민 누구나가 건강하고 행복을 느낄 수 있는 도시를 의미합니다. 안양시의 비전은 4차 산업혁명을 바탕으로 하는 스마트 시티를 목표로 하며, 경제 성장을 넘어 정신적 풍요로움을 추구할 수 있는 예술·문화, 여가·레저, 생활 소비 인프라 및 프로그램 개발을 전략적으로 추진하고 있습니다.

4차 산업혁명 시대는 ICT 기반의 초지능, 초연결 사회로의 급격한 변화를 요구합니다. 이는 경제, 사회, 문화, 교육 시스템 전반에 걸친 정책 패러다임이 변화를 가져옵니다. 안양시는 이러한 시대적 흐름에 맞춰 시민들이 체감하는 4차 산업혁명을 실현하기 위한 구체적인 목표를 세웠습니다. 시민의 삶을 안전하고 깨끗하게 만들고, 시민의 삶을 풍요롭게 하며, 시민의 삶을 편리하게 하는 것을 포함합니다. '행복 도시'는 언제 어디서나 누구나 건강과 행복을 누릴 수 있는 도시를 의미합니다.

저는 AI와 디지털 전환을 통해 산업 경쟁력과 시민의 삶의 질을 높이는 스마트 행복 도시 안양을 목표로 설정했습니다. 이 모든 노력의 핵심에는 첨단 기술을 활용해 도시의 안전을 확보하고, 사회적 약자를 위한 촘촘하고 따뜻한 돌봄을 연결하는 스마트 안전 도시의 구축이 우선되어야 합니다.

안전, 돌봄, 이동, 마지막 순간까지 이어지는 존엄.

이 네 가지를 잇는 것이 안양 행정이 나아갈 방향이라고 믿습니다.

기술로 존엄을 지키다

2025년 추석 연휴 첫날인 10월 3일 오전 7기경. 안양동안경찰서에는 한 실종 신고가 접수되었습니다. 88세의 치매 어르신이 사라졌다는 겁니다. 우리 안양시는 오랫동안 준비해서 설치한 스마트도시통합센터는 인공지능 동선추적시스템을 갖추고 있습니다. 이 시스템은 줄여서 에이드, AIID라고 부릅니다. 에이드는 인공지능기술로 CCTV의 영상을 분석해서 사람의 동선을 추적관찰 예측까지 할 수 있습니다. 사진만 가지고도 사람을 찾아낼 수 있고 이 사람의 지난 동선을 추척한 데이터를 바탕으로 어디로 갈지 예측도 가능합니다. 물론 이 기술은 개인의 동선을 추적하고 수집할 수 있기 때문에 평상시에는 활용하지 않습니다. 인공지능의 능력은 수많은 데이터를 순식간에 파악해서 분석하고 그 통계를 내놓을 수 있다는 겁니다. 한마디로 계산이 빠른 것이죠. 이 기술은 복합인지기술 기반 지능형 관제 프로그램에 해당됩니다.

실종신고가 접수되면 경찰서와 스마트도시통합센터가 협조하게 됩니다. 스마트도시통합센터가 가지고 있는 기록된 영상자료를 순식간에 분석합니다. 보통 CCTV는 여러 종류가 있습니다. 교통정보를 수집하거나 단속하기 위한 CCTV, 범죄 예방과 생활안전확보를 위한 방범 CCTV, 재난 재해를 감시하는 용도의 CCTV, 지하철과 학교, 관공서의 안전과 출입관리를 위한 CCTV, 수술실이나 어린이집처럼 특수목적으로 설치되는 CCTV 등이 있습니다. 특별한 공간에 목적을 위해 설치한 특수 목적 CCTV를 제외하고, 교통과 방범, 재난재해 CCTV는 관할 부서가 다르지만 안양시는

●●● 2024년 스마트도시통합센터개관식.

이러한 CCTV의 관리주체들과 협약을 맺어 스마트도시통합센터에서 한번에 살펴볼 수 있습니다. 에이드를 가동시키자 2천여대의 CCTV에 촬영된 영상을 분석해 실종 어르신이 누군지 파악했습니다. 2천여 대의 영상을 분석하는 시간은 단 1초.

이제 에이드가 어르신의 인상착의를 파악하고 예측되는 범위를 찾기 시작했습니다. 초고속 검색으로 실종된 어르신이 지나간 곳을 찾아내고 마지막으로 이동한 곳을 파악했습니다. 에이드의 동선 경로를 바탕으로 경찰은 어르신의 마지막 기록을 찾았습니다.

이제 여기서부터는 사람의 일입니다. 마지막으로 화면에 등장한 곳은 한 아파트 단지였습니다. 오전 10시 4분 경, 아파트단지 지하 1층 기계실 구석에서 웅크리고 있는 실종 어르신을 찾아냈지요.

지난 9월에도 비슷한 일이 있었습니다. TV 드라마 시리즈나 영화에서도 CCTV를 살펴서 사람을 찾는 장면이 나오지요? 그런데 아직까지 TV 드라마 작가들도 안양시의 시스템을 잘 모르는 모양입니다. 우리 시는 1초면 2천여 대의 카메라 동선을 찾아볼 수 있는데, 최근 방영된 드라마에서도 하루종일 앉아서 CCTV만 지켜보는 형사가 나온다더군요.

기술은 사람을 위해 존재해야 합니다. 그리고 행정은 그 기술을 더 빨리 도입하고 활용할 수 있는 능력이 있습니다. 행정에 기

어르신도 편하게 지낼 수 있는 도시가 존엄을 지킵니다.

술이 닿을 때 우리 시민들의 삶은 보다 안전해지고 안심할 수 있게 됩니다. 누구에게나 닥칠 수 있는 일, 안양시가 발휘할 수 있는 기술을 행정에 접목할 때 우리는 보다 안전한 도시에서 편안하게 하루를 마무리할 수 있습니다. 치매 어르신을 찾아내는 사례는 바로 기술과 사람이 협업하는 구조라 할 수 있겠습니다. 경찰과 안양시가 협조하듯이 새로운 시대는 서로 협력해야 더 좋은 효과가 나타날 것입니다. 서로 손잡고 머리를 맞대면 시민의 삶은 더욱 안전해집니다.

안양시 스마트도시통합센터는 유시티 관제 센터를 발전시켜 다년간의 준비를 거쳐 2024년 신축 개관했습니다. 현재 동안구청 부근에 있습니다. 앞서 말씀드린 대로 종류별로 나뉘어져 있는 CCTV는 모두 쓸모가 있지만, 이 CCTV들을 하나로 연계해서 활용하는 기술이 부족했습니다. 이것들을 통합하기로 추진하기 시작해 2024년 개관한 스마트도시통합센터에서 완성한 것입니다. 7천 6백여 대의 방범, 교통, 안전 CCTV를 연계해 세계 최대 규모의 관제 센터를 갖췄습니다. 안양시는 스마트 안전망을 갖춘 유일한 도시입니다.

전국에서 안양을 찾는 분들도 안양의 안전에 대해서는 의심이 없습니다. 전국뿐 아니라 이제 세계에서도 알아주는 스마트 시티

스마트도시통합센터에서 열린 지능형교통체계(ITS) 구축 사업

가 되었습니다. 경찰과 시, 연구기관과의 협업을 상시화해서 원스톱 안전 거버넌스를 만들어 가고 있습니다. 또한 이 스마트도시통합센터는 언제든지 열려 있어서 시민들이 직접 체험할 수 있으며 도시의 브랜드로 자리잡고 있습니다. 전략 자산이 되는 것이죠.

시민과 함께하는 스마트 행복도시 안양. 민선 7기의 슬로건이었습니다. 이 목표대로 첨단 정보통신기술을 도시 행정에 적극적으로 융합하는 변화를 선도하고 있습니다.

안양시의 통합관제시스템은 다양한 분야의 CCTV와 센서 정보를 하나의 플랫폼에 통합해 관리하면서 경찰과 소방을 비롯한 유관기관과 실시간으로 CCTV 영상과 정보를 필요에 따라 공유하면서 범죄나 재난이 발생할 때 골든 타임을 확보합니다. 안양시 스마트도시통합센터는 그동안 국내외 여러 곳에서 정말 상을 많이 받았습니다. 2024년에는 대한민국 지방자치단체 행정대상 종합대상을 수상했고요. 2024년과 2025년에는 월드 스마트 시티 엑스포에서 스마트시티상을 받았습니다. 2024년에만 해도 37개 국 이상의 관계자들이 안양시 스마트도시통합센터를 방문해 AI와 빅데이터, 재난안전 통합 대응, 24시간 방범 관제 시스템을 집중적으로 공부하고 갔습니다. 흑해경제협력지구와 미얀마 건설부 장관단 등 해외의 행정에서도 우리 안양시를 찾았습니다. 개관 이래 국내에서는 1,749개 기관의 22,304명(2025년 11월 30일기준)이, 해외에서는 143개국 962개 도시 7,387명(2025년 11월 30일기준)이 벤치마킹을 위해 방문했습니다. 안양시의 스마트도시통합센터는 전국 최대 규모의 지능형 관제센터입니다. 안전, 교통, 복지행정, 환경 분야를 모두 아우르고 있습니다.

안양시는 디지털 감시 체계를 넘어서, 어르신 돌봄을 위한 생활형 안전 플랫폼을 함께 구축하고 있습니다. 우선, 지역 곳곳에 치매안심센터를 설치해 치매 조기 진단과 상담, 가족 교육을 제공하고 있습니다. 여기에 더해, 전문 치료와 재활을 담당할 치매안심병원과, 동네 병의원을 연계한 어르신 주치의 제도를 통해 건강 관리의 기본 틀을 갖춰 가고 있습니다. 또한 치매 노인 안심플랫폼을 도입해 가스 자동잠금장치, 안심 단말기, 유비쿼터스 안심콜 등을 연결하고 있습니다. 길을 잃으실까, 혹시 집에서 사고가 나진 않을까 하는 가족들의 걱정을 기술과 제도가 함께 덜어 드리려는 시도입니다. 보이스피싱, 가정폭력, 화재까지.

스마트 도시는 사후 대응이 아닌 예방과 조기 대응을 목표로 합니다. 사고가 나더라도 피해를 최소화할 수 있도록, 기술과 행정이 함께 움직이는 것입니다. 이 모든 노력의 밑바탕에는 한 가지 질문이 있습니다.

"나이가 들어도, 이 도시에서 끝까지 존엄하게 살 수 있는가?"

안양시의 스마트 도시 시스템은 AI 영상 분석 기술을 도입해서 갑작스럽게 사람이 쓰러지거나 건물에서 연기가 피어오르는 이상 징후를 감지할 수 있습니다. 교통 빅데이터를 활용해서 긴급 차량 우선 신호 시스템도 작동하는데요, 긴급한 구조 차량이 이동할 경우 신호를 바꿔 주는 시스템도 적용되어 있습니다. 누구보다 빠르게 소방을 비롯한 긴급 구난 차량이 이동할 수 있도록 도시가 한꺼번에 조력하게 됩니다. 스마트 도시 정보통합 플랫폼을 활용해 다양한 도시 정보를 시각화해서 제공합니다.

혼자 사는 어르신들을 위해 안전시스템을 제공하는데요. 정식 명칭은 '안양시 고령자 스마트 안심서비스'입니다. 거동이 어려운 65세 이상 어르신 중에 AI 음성인식 안심 단말기를 무료로 설치해 드리는 겁니다. 단말기에서는 구조요청 목소리를 인지할 수 있는 기능이 있습니다. 살려 주세요, 사람 살려, 같은 외침이 있으면 119와 112에 바로 신고가 들어갈 수 있습니다. 예를 들어 어르신들은 화장실이나 침대에서 낙상 사고가 일어날 가능성이 높지 않습니까. 화장실에서 넘어져 못 일어나겠다던가, 보이스피싱 전화를 받고 있다거나, 가정폭력, 화재신고까지 모두 감지할 수 있습니다. 스마트 도시는 사후 대응에서 예방과 예측의 행정으로 전환을 꾀합니다. 일어난 사고라도 피해를 최소화하는 것이이죠.

이런 시스템이 만들어진 것은 지능형 교통체계를 구축한 것이 함께 효과를 더했기 때문입니다.

아마 시민들은 이미 보셨을텐데요. 2022년부터 안양시는 자율주행 시범 사업을 시작해 2024년에 최종 보고회를 가졌고, 현재는 자율주행버스 주야로가 평촌 신시가지를 주행하고 있습니다. 이 버스는 2024년 4월부터 운행을 시작했고요. 시민들도 탑승할 수 있습니다.

●●● 외부에서 손님이 오시면 스마트도시통합센터에서 직접 브리핑도 합니다.

자율주행버스는 승객을 태우고 주행하면서 돌발 상황을 감지하고 기존 신호 정보와 버스 정보 시스템, 안전귀가 시스템에 필요한 정보도 수집합니다. 스마트도로를 어떻게 만들어 나갈 것인지, 자율주행 관제센터를 더 효율적으로 운영할 방안, 자율주행 버스의 서비스를 만들 재료들을 모아오는 것입니다.

2025년 현재 주간에는 동안구 학원가 사거리에서 비산체육공원까지 운행하고 야간에는 심야교통이 불편한 인덕원역에서 안양역까지 운행하고 있습니다. 버스를 타 본 승객들의 92.6%가 안전운행에 만족했고, 89.3%가 다시 자율주행버스를 타 보겠다고 하셨네요.

이러한 정보를 토대로 이제 안양시의 자율주행버스는 운전석이 없는 자율주행 차량이 가능한 수준까지 나아가야 합니다. 자율주행 기술을 실증화하고 상용화 기반을 마련해야 미래 교통의 새로운 표준을 선도할 수 있습니다. 2026년부터는 국제 통용 자율주행 분류에 따른 레벨 4로 진입해 도로 환경과 관제, 안전 관리 체계의 통합적 검증을 목표로 하고 있습니다.

현재까지 운영해온 원칙은 간단합니다. 시민의 일상 이동을 먼저 개선하는 실용적인 교통혁신을 꾀하는 것입니다. 낮에는 기존의 교통이 닿지 않는 사각지대를 연결하고, 밤에는 심야 시간대 접근이 어려운 곳을 연결했습니다. 이러한 교통문제는 시민의 이동권을 보장할 수 있는 중요한 화두입니다. 어디로든 갈 수 있어야 생활이 윤택해지고 외로움도 덜할 수 있기 때문이죠.

안전과 돌봄의 다음 축은 이동권이기 때문입니다.

안양시는 2022년부터 안양시 어르신 교통비 지원을 약속하고 이를 실행하고 있습니다. 경기도 G-PASS를 활용하여 안양시민 중 70세 이상 어르신들에게 1인당 연간 16만 원까지 지급해 드립니다. 한국은 오래전부터 지하철의 경우 어르신 탑승을 무료로 하고 있습니다만 기초지방정부 내에서 이동하는 분들은 버스비는 모두 부담해야 했습니다. 생각해보면 어르신들이 멀리 가는 지하철보다

시내버스 이동이 더 많을 것이고, 계단이 많은 지하철보다 버스 접근성이 훨씬 좋습니다. 따라서 버스비를 지원하면 지역사회와 공동체에 더 도움이 될 거라 생각했습니다. 우리가 상권 분석을 할 때 유동인구를 중요하게 보는데, 그만큼 사람이 활발하게 움직여야 지역이 살아난다는 뜻이기도 합니다.

교통비 지원은 그저 현금 지원 복지보다 훨씬 더 많은 의미를 갖고 있습니다. 경제적 부담을 덜 수도 있지만 더 나아가 어르신들의 사회 참여를 북돋고 보다 자유롭고 활발하게 여러 활동에 참여할 수 있게 합니다.

●●● 어르신 교통비 지원을 시작하며.

어르신들을 만나 보면 경제적인 문제나 건강의 문제보다 외로움이 가장 힘들다고 말씀하십니다. 외로움은 행정에서 어떻게 해결할 수 있을까요? 이동권을 해결하는 게 기초 단계라고 봅니다. 버스를 타고 시장에도 가고, 사람도 만나고, 복지관에서 프로그램에 참여하면서 시에서 제공하는 서비스도 찾고, 햇빛도 쐬고 바람도 누리시라고 이동권을 보장하는 것입니다.

우리 안양시는 지금 인구가 조금씩 늘어나고 있지만 전 세계적으로 선진화된 도시의 인구는 대부분 줄어들고 있습니다. 콩나물 버스를 타던 시대는 끝났습니다. 그러나 대중교통은 수익이 없으면 운영하기 힘듭니다. 사람이 줄어들면 대중교통 수익은 당연히 줄어들 수밖에 없습니다. 앞으로 다가올 교통문제는 양극화를 악화시킬 수도 있습니다. 우리 안양시는 예상되는 교통문제의 편차와 양극화를 해결하기 위해 자율주행버스를 통해 미래 교통을 선도하고 스마트 도시를 실제로 펼쳐내고 있습니다.

기술과 행정이 사람의 온기를 더 멀리 전달할 때까지 노력하는 것, 그것이 안양시의 방향입니다. 기술중심도시가 아닌 사람중심도시, 바로 제가 시민들과 함께 만들고자 하는 안양시입니다.

생활 속의 안전을 다시 설계하다

2024년 11월 28일은 지금 돌이켜 보아도 가슴을 쓸어내릴 수밖에 없는 날입니다. 그날 새벽, 전날 내린 폭설이 걱정되어 농수산물도매시장관리사업소 직원 한 분이 예정된 근무 시간보다 훨씬 이른 오전 6시에 출근했습니다. 시설에 이상이 생기지는 않았는지 살피기 위해서였습니다. 그는 시민에게서 "시장 안쪽에서 이상한 소리가 들린다"는 연락을 받고 즉시 현장을 확인했고, 불안정한 구조 징후를 직감해 팀장에게 보고했습니다. 담당 팀장은 지체 없이 소장에게, 그리고 곧바로 저에게 상황을 전달했습니다.

보고를 받은 즉시 저는 출입 통제와 영업 중단을 지시했습니다. 청과동은 김장철 막바지로 하루 매출이 가장 크게 기대될 시기였죠. 상인들께서 당황하실 수밖에 없는 상황이었지만, 안전은 그 어떤 이유로도 양보할 수 없는 원칙입니다. 돌이켜 생각해 보면 영업을 중단한 그 시점이 사실 손님이 많은 시간대였습니다. 영업 중단 조치가 내려지지 않았다면, 시장에는 최소 300~400명이 머무르고 있었을 시간이었습니다.

소식을 듣자마자 시청으로 출근하지 않고 바로 농수산물 시장으로 갔습니다. 상인 여러분께 양해를 구하며 정리와 대피를 서둘렀고, 오전 8시 50분경, 모든 인원을 시장 밖으로 내보낼 수 있었습니다. 그때 상인 중 한 분이 "시장님, 지금 이 정도면 꼭 문을 닫아야 합니까? 괜찮을 것 같은데요"라고 묻기도 했습니다. 그러나 저는 단호하게 말씀드렸습니다.

"안전이 최우선입니다. 혹시라도 우려되는 상황이 생기면, 영업

●●● 농수산물도매센터 붕괴 순간.

●●● 보고를 받고 바로 현장으로 달려갔습니다.

손실은 시가 책임지고 보상하겠습니다. 사람이 다치면 안되는 일입니다. 당장의 손해는 시에서 해결할 수 있습니다."

그로부터 약 세 시간이 지난 정오 12시 2분, 시장은 단 11초 만에 무너져 내렸습니다. 청과동 남측 지붕, 약 6,028㎡(약 1,800평) 규모가 순식간에 폭삭 내려앉았습니다. 이 정도면 아무리 달리기를 잘하는 사람이라도 구조물 아래에서 벗어날 수 없는 시간입니다. 당시 영상과 기록을 보면, 붕괴는 상상보다 훨씬 더 빠르고, 더 압도적이었습니다.

만약 출입 통제가 조금이라도 늦었다면, 만약 이상 징후를 "그럴 수도 있지" 하고 넘겼다면, 만약 '한 번 지켜보자'며 결정을 미루었다면, 상인들의 항의에 제가 주저했다면, 안양은 제2의 이태원, 제2의 오송 참사를 겪었을지도 모릅니다. 이번 일을 통해 저는 다시 한 번, 그리고 뼈아프게 확인했습니다. '재난은 사후 조치로 해결하는 것이 아니라, 발견과 판단이 1분만 빨랐는지가 생명을 좌우한다'는 사실이죠.

무엇보다, 구조적 이상 징후를 가장 먼저 발견하고 즉각 보고한 9급 공무원, 그리고 행정의 결정을 믿고 흔쾌히 따라 주신 상인 여러분, 협조해 주신 시민 여러분께 깊이 감사드립니다. 그 공무원은 승진 대상자 명단의 후순위에 있었지만, 저는 이 공직자의 책임감과 적극 행정을 조직의 모범으로 판단해 다음해 1월 1일자로 8급 승진 조치를 내렸습니다. 이는 너무나도 마땅한 일입니다.

안양시는 2018년부터 줄곧 적극 행정을 강조해 왔습니다. 평소 '안전'을 최우선 가치로 대하는 공직 문화를 만들기 위해 노력해 왔고, 그 문화가 결국 이날 400명 가까운 생명을 지켜낸 것입니다. 사람의 생명보다 앞서는 정책은 없습니다.

그러나 아이러니하게도, 대한민국의 언론과 사회는 "미리 막은 사고"를 잘 조명하지 않습니다. 사망자와 피해가 발생했을 때만 헤드라인이 만들어지고, 조용히 예방된 성공은 크게 다뤄지지 못합니다. 그럼에도 올해 행정안전부는 안양시의 이번 대응을 '재난관리 우수 사례'로 선정해 대통령 기관 표창을 수여했습니다. 안양시 모두의 성과입니다.

붕괴 이틀 후 시장은 임시 운영을 재개할 수 있었고, 시는 영업 손실과 피해 규모를 조사해 필요한 보상을 진행했습니다. 보험사와의 손해 산정 절차도 병행했습니다. 상인들이 하루라도 빨리 정상 영업을 할 수 있도록, 도시의 경제 활동이 멈추지 않도록 최선을 다했습니다. 재난은 예방할 수 있으며, 행정의 역할이 생명을 지킬 수 있다는 사실을 깨달았습니다. 공직자를 비롯한 행정의 예민

한 감수성과, 상인과 시민의 협조, 그리고 안양시가 쌓아온 조직문화가 함께한 덕분입니다.

이번 농수산물 시장 사례에서도 보듯이 기후변화를 비롯해 환경은 무섭도록 빠르게 변하고 있습니다. 행정은 이러한 변화를 늘 염두에 두고 예민하게 촉각을 곤두세우고 대응해야 합니다.

안 그래도 노후화된 시설이라 여러 우려가 있었습니다. 수십 년 동안 시민의 밥상을 책임져 온 시설이라, 정겹기도 합니다. 그만큼 낡고 지친 흔적도 곳곳에 쌓여 있습니다. 이번 붕괴 사고는 우리에

●●● 농수산물 시장 천장 붕괴 이후 김동연 도시사가 방문해주셨습니다.

게 잊고 있었던 질문을 다시 던졌습니다.

'도시는 언제까지 과거의 방식에 머무를 수 있는가.'

최근 발표된 조사에 따르면 전국 도매시장의 40%가 구조적으로 취약하다더군요. 지붕이 녹슬고, 골조가 약해지고, 한겨울의 폭설은 버티기 어려운 시설이라는 거죠. 이번 사고는 안양만의 사건이 아니라, 우리 도시들이 겪고 있는 오래된 위험의 실체를 눈앞에 드러낸 순간이었습니다.

붕괴된 도매시장을 복구하는 수준이 아니라, 도시의 미래와 시민의 안전을 전제로 완전히 새롭게 상상된 도매시장이어야 합니다. 시장 전체를 지탱하는 구조물을 더 견고하게 하고, 오래된 폐수처리시설을 새로 만들고, 악취가 가득한 쓰레기적환장을 깨끗하게 재정비해야 합니다. 이곳에서 일하고 오가는 사람들이 더 이상 불편을 감내하지 않아도 되는 환경을 만들어야 합니다.

차차 추진하려던 안양시 농수산물 시장 현대화 사업을 조기에 시작해야 합니다. 이번에 착수하는 안양시 농수산물 시장 현대화 사업은 변화하는 유통구조에 걸맞게 혁신해야 합니다. 시장 전체의 구조적 안정성을 확보하는 것뿐 아니라 폐수처리시설도 필요하고 쓰레기 적환장 악취를 제거하는 방안도 모색해야 합니다. 현재 타당성 조사와 시장개선을 위한 연구를 진행 중입니다. 업계에서는 과거의 공급망과 유통망이 완전히 붕괴되었다고도 합니다. 도매시장이 어렵습니다. 직거래가 늘어나고 생산지 단계가 조직화되면서 대량 수요처로 바로 이동하기도 합니다. 온라인 거래와 E커머스가 확산되면서 도매시장을 거치지 않는 경우도 많습니다.

안양시의 농수산물 도매시장은 그동안 친환경 급식 식자재 제공과 사회 공헌등 지역사회에 공헌해 온 바를 인정받으면서 동시에 급격한 환경변화에 적응할 수 있는 현대화 시설이 필요합니다. 안양시의 다양한 도시개발 사업이 진척됨에 따라 농수산물 도매시장 주변환경도 상당 부분 변화할 것으로 예상합니다. 단순히 시장을 다시 짓는 정도 수준에서 끝나서는 안됩니다. 안양시의 스마트함이 여기에도 적용되어야 합니다. 새로운 상상이 필요합니다. 사라지는 시장을 지키기 위함이 아니라, 새로운 시대에 걸맞은 시장으로 다시 세우기 위해서입니다.

시장 전체의 구조적 안전성 확보, 폐수 처리 시설과 쓰레기 적환장의 악취·환경 문제 개선, 친환경 급식 식자재 공급과 지역사회 공헌 기능을 지속할 수 있는 유통 구조 재설계, 그리고 안양시의 스마트 기술을 접목한 첨단 물류·안전 시스템까지 함께 고민해야 합니다. 앞으로의 도매시장은 단순한 거래 공간이 아니라 도시의 공급망을 안전하게 지키는 '스마트 인프라'가 되어야 합니다.

AI가 위험을 감지하고, 데이터가 거래를 투명하게 기록하고, 디지털이 물류를 효율적으로 움직이는 미래형 시장이 필요합니다.

익숙한 것들과 결별하라는 자기 계발서가 있었습니다. 인문학적 소양이 돋보이는 명저인데요. 이 말이 참 좋습니다. 익숙한 것들과 헤어져라. 우리는 보통의 불편한 일들을 별 다른 문제 없으면 그저 넘기곤 합니다. 그러나 이런 불편함은 사실 개선되어야 마땅한 것들이기도 합니다. 개선하지 않고 방치하면 사건이 일어난 후에 수습하게 됩니다. 우리 안양시는 이런 불편함을 미리 발굴해 사전에 예방하는 것으로 행정의 패러다임을 바꿔 나가고 있습니다.

스마트폰 안전 귀가 서비스앱은 여러 지방에서 시도해왔으나 안양시는 사용자가 보다 편리하게 접근할 수 있습니다. 기존의 CCTV를 활용해 예산을 절감했을 뿐 아니라, 2013년부터 특허를 출원해 5건의 특허를 갖고 있습니다. 우리 시는 스마트폰 안전도우미서비스 앱, 스마트폰과 안전 지도를 이용한 통합관제시스템, 지능형 CCTV 선별 관제 시스템, 투망 감시 시스템, 고령자 스마트 안심 서비스, 재난 안전 대응 통합 시스템의 분야에서 특허를 보유했습니다. 놀라운 일이죠.

시·군·경은 합동으로 공중 영역을 감시하고 추적할 수 있습니다. 북한 오물풍선이 날아온 것이나 불법적으로 드론을 띄우는 일

안양시는 그간의 여성친화도시 운영을 인정받아
2023년, 3단계 여성친화도시로 지정되었습니다

도 증가해 공중에서의 안전사고도 우려되기 시작했습니다. 안양시는 전국 최초로 민간 초고층 건물에 CCTV를 설치해 공중부터 지상까지 넓게 훑어볼 수 있는 시스템을 갖췄습니다. 한편으로는 우리도 드론을 활용해 열화상 카메라를 달아 산불 화재를 감시하고 관제센터와 정보를 공유할 수 있습니다. 드론에는 음성 장치도 달아서 산불을 야기하는 행동이 발견되면 안내방송도 할 수 있습니다.

여성 화장실 불법촬영을 근절하기 위한 노력도 강화해 왔습니다. 상시탐지 시스템을 운영하고 있어 안양시의 공공 화장실은 안심하셔도 좋습니다. AI 성별 인식 기술을 도입하려 했던 초기 구상은 시민 의견을 반영하여 프라이버시 보호 중심으로 전환되었습니다.

행정에 기술을 선진적으로 도입하다 보면 미처 챙기지 못한 부분이 발생할 수 있습니다. 이럴 때 행정의 미흡한 부분을 채워 줄 수 있는 게 바로 시민의 힘입니다. 시민들이 행정과 정책에 관심을 갖고 사용자 중심의 감수성을 보태 줘야 비로소 완성이 됩니다. 시민들은 매일 스마트안전도시통합센터에 방문해 스마트 도시를 체험하고 또 주변에 알려 주고 있습니다. 안전은 시민들의 발빠른 대처도 큰 몫이 됩니다. 스마트 시티를 조성하고 있지만 시민들의 자율방범대 역할도 중요합니다. 인공지능과 카메라가 이해하지 못하는 것은 오직 사람만이 이해할 수 있습니다. 어두운 밤거리 골목을 누비며 이웃을 살피고 돌보는 건강한 시민들이 있어 우리 안양시의 밤은 더욱 안전합니다. 시민의 하루가 편안해야 도시의 내일이 단단해집니다.

행정의 노력은 시민의 참여로 완성되고, 시민의 참여는 행정의 신뢰로 이어집니다.

●●● 새로운 시대의 키워드는 소통입니다.

안양의 미래, 혁신으로 완성까지

스마트 도시 안양은 지금 완성을 향해 갑니다. 그러나 세계는 빠르게 변화하고 우리가 예측하지 못한 기술이 분명 지구촌 어디에선가 시도되고 있을 겁니다. 그간 안양시가 이뤄온 것들은 새로운 출발을 위한 기반일 뿐입니다. 안양의 스마트 도시 시스템은 이미 여러 지방정부와 해외 도시의 벤치마킹 대상이 되고 있습니다. 통합관제, AI 선별관제, 시민 참여형 방범 네트워크는 '기술 중심 도시'에서 '사람 중심 도시'로 나아가는 새로운 표준으로 소개되고 있습니다. 안양은 더 이상 '지방의 모범'에 머무르지 않고, 국제적 안전도시 모델로 자리잡아 가고 있습니다. 이 성과는 어느 한 사람의 노력이 아니라, 시민과 행정이 함께 만든 결과입니다.

이제는 안전의 개념을 더욱 확장하여 '돌봄'과 '생활', 그리고

'예측'을 포함하는 차세대 안전 도시로 나아가야 합니다.

우리 안양시의 인구 구조를 살펴봤을 때 늘어나는 고령 인구가 안심하고 지낼 수 있도록, 또한 젊은 세대가 고령자의 돌봄을 더 많이 걱정하지 않도록 돕기 위해 스마트 돌봄 안전망을 확장해야 합니다.

AI 기반 통합관제를 고령자 돌봄, 교통안전, 환경데이터와 연계하여 '예방형 복합 안전시스템'으로 발전시켜야 합니다. 치매노인 동선, 재난대피 정보, 교통 혼잡 데이터를 통합 관리하여 사고를 미리 예측하고 대응하는 도시로 만들어야 합니다. 지금까지 이뤄온 것은 기초단계입니다. 다른 도시에서도 스마트 안전 도시를 만들기 위해 박차를 가하고 있습니다. 작년까지만 해도 AI기술이 이렇게까지 발전할 줄 예상하지 못했습니다. 우리 안양시는 미리 선도적으로 시작하여 그 성과를 누리고 있습니다만, 여기서 지체해서는 안 됩니다. 안양시는 전국에서 스마트 도시의 모범이 된 만큼 선배 도시로서 걸출한 모습을 보여 줄 필요가 있습니다.

노후 시설에 대한 안전 정비, 주민들의 삶을 유지하면서 지켜낼 수 있는 도시 설계를 위한 시민 안전 네트워크도 필요합니다. 우리는 이미 예측할 수 있는 기술을 가졌으니 기후 데이터와 교통사고 패턴, 고령자의 활동 데이터를 기반으로 하여 행정이 먼저 움직이는 도시를 구현할 필요가 있습니다.

'디지털특별자치시' 안양은 한 발 더 나아가 K-Safe City의 모델이 되어 안양형 AI 안전 관제와 시민 참여 모델을 정리한다면 국내외 도시와 공유하는 안전도시 국제협력 플랫폼을 만들 수 있을 것입니다.

안양시청 로비에서 서비스로봇을 테스트해 봤습니다.

올해 출범한 이재명 정부는 'AI 대전환'을 국가적 기조로 확실히 세우고 있습니다. 기술혁신을 넘어 행정과 복지, 안전, 돌봄 전반에 AI를 적용해 우리 사회의 구조를 새롭게 설계하겠다는 방향이 분명해지고 있습니다. 저 역시 이 변화의 흐름을 단순한 기술 유행으로 보지 않습니다. 앞으로 도시의 경쟁력은 AI를 어떻게 받아들이고 어떤 가치 위에 설계하느냐에 따라 달라질 것입니다. 안양시는 일찌감치 이러한 변화에 대응해야 한다고 판단했고, 그래서 올해 조직개편에서 'AI전략국' 신설을 결정했습니다.

AI전략국은 안양시 행정 전반에서 AI와 데이터가 흩어져 있던 구조를 하나의 축으로 모아 체계적으로 운영하기 위한 컨트롤 타워입니다. 스마트 도시, 정보통신, AI 혁신 과제를 각각 따로 추진하던 방식을 벗어나, 도시 전체의 흐름을 통합적으로 관리하고 미래 전략을 세우기 위한 구조입니다. 안양시가 정부의 큰 방향을 선제적으로 받아들여 도시를 준비하겠다는 의지의 표현이기도 합니다.

AI기술만큼이나 중요한 것은 AI가 어떤 윤리와 원칙 위에서 시민의 삶에 적용되느냐 입니다. 사람 중심, 책임과 공정, 안전과 투명한 AI운용이 선결되어야 합니다. 지속가능한 시스템을 위해 포용성도 중요하게 여겨야겠지요. 이를 통해 AI 사용에 대한 윤리를 구축하고 나면 시정 전반에 인공지능을 접목해서 행정 효율성을 높일 수 있게 될 겁니다. 또한 데이터에 기반해 의사 결정 시스템을 구축하면 민원부터 교통 도시 관리, 안전과 환경, 복지에 이르기까지 정책의 정확성을 높이고 속도도 빠르게 추진할 수 있습니다.

AI를 적용하려는 행정 분야에 데이터를 구축하고 AI 시민 교육과 행정에서 AI를 사용할 공직자들의 현장 전문 교육도 강화해야겠죠. 그 바탕에 윤리적 거버넌스를 만들어야 합니다. 안양시만의 AI 윤리지침을 제정하고, 시민참여형 위원회를 통해 지속적으로 점검하는 구조를 짜야 합니다.

저는 AI가 인간의 감정을 대신할 수 있다고 생각하지 않습니다. 오히려 AI가 담당해야 할 영역을 명확히 설정하고, 위험을 관리하

●●● 온두라스 교통부 차관이 스마트도시통합센터를 방문했을 때.

며, 사람이 그 빈틈을 채우는 방식으로 돌봄의 품질을 높여야 한다고 믿습니다. 기술은 사람을 위한 도구이고, 공공은 시민의 신뢰를 기반으로 기술을 도입해야 합니다.

안양시는 정부의 AI 대전환 흐름 속에서, 기술 중심이 아닌 사람 중심 AI 도시, 그것도 돌봄이 강화된 안전한 도시로 나아가야 합니다. AI전략국 신설은 그 출발점이며, 앞으로도 시민의 일상 가까이에서 필요한 영역부터 하나씩 바로잡고 확장해 나가며 안양형 AI 돌봄 모델을 만들어야 합니다.

AI는 그 자체로 존중 받기 보다 인간을 위해, 시민을 위해 사용되어야 합니다. 기술이 인간을 압도해서는 안 되며, 기술을 위해 지역이 희생되어서도 안 되겠지요. AI 개발과 사용의 우선 조건은 안전입니다. 안전은 결코 완성되지 않습니다. 생동감 넘치는 도시는 안전이 보장될 때 가능합니다. 마음껏 달리고, 즐기고, 춤추는 도시를 위해서는 안전하고 똑똑한 도시 행정이 뒷받침되어야 합니다.

기술이 사람을 따뜻하게 감싸는 도시, 행정이 시민의 하루를 지켜 주는 도시를 향해 나아가겠습니다. 안양의 내일은 더 안전하고, 더 따뜻할 것입니다.

정직하게 마주보고 해결하는 행정

행정은 문제를 '처리'하는 것이 아니라 문제를 '견디고 통과하는 것'에서 시작됩니다.

도시를 책임지는 자리에서 가장 먼저 배우는 것은, 문제가 사라지는 법은 없다는 사실입니다. 어떤 문제는 현실적으로 너무 오래되고, 어떤 문제는 이해관계가 너무 복잡하고, 어떤 문제는 누구도 먼저 손을 대고 싶지 않은 모양새로 오래 누워 있습니다. 이런 문제들부터 하나씩 들여다보는 것이 도시를 돌보는 일의 출발점이라고 느꼈습니다. 문제를 피하는 행정은 당장은 편할지 모르지만, 결국 더 많은 불안과 불신을 남깁니다. 안양에서 지난 몇 년간 마주했던 연현마을 근린공원 조성사업과 LG U+ 특고압선 갈등은 행정의 역할에 대해 다시 생각하게 만든 사건입니다.

석수동 연현마을 일대는 주민들의 일상과 가장 가까운 곳에서 도시의 취약함과 불편함이 그대로 드러나던 지역이었습니다. 공업지역의 잔재와 난개발 흔적이 얽혀 있었고, 녹지 부족·소음·분진 문제는 수십 년째 이어지고 있었습니다.

이 지역을 '공원'으로 다시 쓰자는 결정은 주민의 삶을 회복하는 복지 정책에 가까웠습니다. 공업시설이 남아 있는 자리에 연현마을이 들어서고 갑작스럽게 주거 단지로 변화해야 하는 요건 자체가 도시의 상처죠.

우리는 지금 사는 시민들과 여기서 성장하는 어린이와 청소년을 우선 생각해야 한다고 결정했습니다. 이 결정을 추진하는 데에 현실은 녹록지 않았습니다. 공장 소유자와의 보상 이견, 도시관리계획 변경을 둘러싼 법적 다툼, 행정절차 하나하나가 논쟁으로 이어졌습니다.

이 지역에 변화의 조건이 마련된 것은 경기도 전체의 환경정책 전환기와 떼어놓고 이야기할 수 없습니다. 당시 경기도지사였던 이재명 대통령은 도지사로 취임하자마자 우리 연현마을을 찾아 이 문제를 경기도 차원에서 협조하겠다는 의지를 강력히 보여줬습니다. 연현마을 공원은 사실 과천 공공주택지구 개발로 인해 해제된 개발제한구역(GB, 그린벨트)의 '훼손지 보전 사업' 대상지로 선정되

●●● 2018년 7월 5일, 이재명 도지사가 취임 직후 연현마을을 찾아 함께 방법을 찾았습니다.

어 실마리가 풀렸습니다. 이 복원 사업 방식은 경기도와 GH가 적극 추진해 온 제도적 구조였고, 당시 경기도지사였던 이재명 대통령의 GB 보전·환경복구 중심 정책 기조가 중요한 배경이 되었습니다.

이재명 지사는 도정 기간 동안 개발제한구역 훼손지를 복구하고 환경 취약지를 개선하며 GH의 책임 있는 개발 및 대체복원 의무 강화 를 꾸준히 추진했습니다.

그 정책 기조 덕분에 과천 공공주택지구에서 해제된 GB에 대한 대체 복원지로 안양 연현마을이 선정될 수 있었고, 이곳이 공원으로 재탄생할 수 있는 법적·재정적 기반이 마련되었습니다. 즉, 연현마을 공원은 안양시의 노력만으로 탄생한 것이 아니라, 경기도 차원의 환경정책 전환, 그리고 GH의 책임 있는 복구 의무 강화라는 더 큰 흐름 속에서 싹을 틔운 사업이었습니다.

행정은 어느 한 기관이 혼자 만드는 것이 아니라, 과거의 정책 자산과 현재의 행정 의지가 만나 비로소 현실이 된다는 사실을 보여주는 사례이기 때문입니다. 또한 기초지방정부가 평소 광역지방정부, 중앙부처와의 원활한 소통이 중요하다는 것도 보여 주었습니다.

소송이 진행되는 동안 사업은 멈추기도 했습니다. 그 시간 동안 주민들의 피로감은 쌓여 갔고, "정말 이 문제가 해결될까?" 하는 의심도 깊어졌습니다.

행정은 이 지점에서 흔들리기 쉽습니다. 성과가 보이지 않는 정책은 누구에게도 환영 받지 못합니다. 그러나 포기할 수 없었습니다. 이 일은 '녹지 조성'이 아니라, 도시의 가장 약한 지점을 고쳐야 하는 회복의 과정이었기 때문입니다.

충실히 절차를 밟고 모든 회의와 협의를 투명하게 열고, 도시관리계획·실시계획인가 등 법적 절차를 지켜가며 주민들이 공감할 수 있는 설명을 반복했습니다.

마침내 2025년 여름, 대법원의 확정 판결이 우리 시의 손을 들어주며 사업은 다시 속도를 내기 시작했습니다. 주민이 오랫동안 기다려온 권리가 인정된 순간이었습니다. 행정이 지치지 않고 책임을 다했을 때 도시의 상처가 어떻게 회복되는지를 보여 주는 값진 경험이었습니다. 갈등이 문제가 아니라, 갈등을 다루지 않는 것이 문제입니다.

박달동에서 관양동을 지나가는 6km 고압선 매설 갈등은 연현마을과는 성격이 전혀 다른 문제였습니다. 여기에는 '도시 공간의 재편'이 아니라 '첨단기술·기업 활동·주민 안전'이라는 세 가지 거대한 가치가 정면으로 충돌하고 있었습니다. 앞으로 AI 주권 국가로 거듭나기 위해 우리가 맞닥뜨릴 일을 안양이 먼저 해결한 것입니다.

안양시에 데이터센터 건립과 특고압선 매설이 알려지자 주민들은 전자파 안전성에 대한 불안을 강하게 제기했습니다. 이 불안

●●● 안양시민의 오랜 숙원인 원스퀘어 철거가 드디어 이루어졌습니다.

은 과학적 정보로만 해소될 수 있는 성질이 아니었습니다. 아이 등굣길 아래를 지나가는 선, 집 바로 앞 공사 구간, 불투명하게 느껴지는 절차. 이 모든 것들이 주민의 불안을 더욱 키웠습니다. 지하로 매설하는 것이 눈에 보이지 않기 때문이죠. 행정은 이럴 때 중재자로 능력을 발휘해야 합니다. 주민의 불안은 충분히 존중받아야 하고, 기업의 활동 역시 필요합니다. 하지만 가장 먼저 확립되어야 할 것은 안전성과 절차의 투명성입니다. 이 협력을 이끌어 내는 것이 안양시가 할 일이었습니다.

그래서 우리는 도로 점용 허가를 중지하며 "검증 없이는 공사 없다"는 원칙을 세웠습니다. 그와 동시에, GPR 조사·코아 채취·내시경 조사 등 가능한 기술적 방법을 총동원해 안전을 검증했습니다.

그리고 무엇보다 중요한 것은 갈등이 깊어지기 전에 주민과 기업을 하나의 테이블로 끌어와 대화의 구조를 만드는 일이었습니다. 10개월간 7차례가 넘는 협의는 어떤 날은 한 발짝도 나아가지 못했습니다. 하지만 더딘 과정 조차 갈등을 안전하게 해소시키는 데 필요한 시간이었습니다.

결국 3자 협약이 체결되었을 때, 기업은 120억 원을 들여 전 구간 전자파 차폐판을 설치하고 이후 7회에 걸친 모니터링과 사후 조치까지 약속했습니다.

이 협약은 행정이 기업과 주민 사이에서 단순 조정자가 아니라 책임 있는 구조 설계자가 되어야 한다는 점을 보여 줍니다.

이 두 사건은 서로 전혀 다른 맥락이지만 하나의 진실을 말해 줍니다. 행정은 문제를 '해결'하는 조직이 아니라 문제를 '직면'하고 '견뎌내는' 조직이어야 한다는 진실입니다. 쉽지 않은 일입니다. 우리 공직자들의 고충도 컸습니다.

문제를 외면하면 불신이 자라고, 문제를 직면하면 신뢰가 쌓입니다. 문제를 덮으면 갈등이 커지고, 문제를 설명하면 갈등이 줄어듭니다. 문제를 피하면 도시가 흔들리고, 문제를 해결하면 도시가 단단해집니다.

연현마을 공원은 도시의 상처를 치유하는 과정이었고, LG U+ 협약은 도시의 불안을 다루는 과정이었습니다. 이 둘은 각각 달랐지만 저는 이 과정들에서 공통된 행정 철학을 확인했습니다. 행정은 사람의 삶을 다루는 일이라는 것, 그 불안과 상처를 대하는 태도에 도시의 품격이 드러난다는 것, 도시의 문제를 외면하지 않는 용기를 내야 한다는 것, 안양시가 지켜야 할 행정의 기본입니다.

문제를 덮지 않고 드러내고, 갈등을 피하지 않고 조정하며, 도시의 약한 지점을 정직하게 마주하는 행정. 그것이 안양시가 나아가야 할 길입니다.

2장

상호돌봄은 존엄을 지키는 일입니다

"인간의 문명은 상호 돌봄으로 살아남았습니다.
상호 돌봄은 선택이 아닌 생존입니다."

장애인 정책은 소수의 문제가 아니라,

모두의 존엄을 지키는 일입니다. 가장 약한 고리부터 살피고,

삶의 전 과정을 따라가는 복지를 설계할 때

도시는 비로소 안전해집니다. 태어나고 자라고 일하고,

서로 돌보는 노년과 그 이후 마지막 이별의 순간까지

시민 곁을 지키는 행정, 속도보다 사람의 숨을 먼저 헤아리는

행정이 안양이 가야 할 길입니다.

누구도 뒤에 남겨 두지 않는 도시, 함께 버티고

함께 돌보는 도시로 안양의 복지는 계속 확장되고 있습니다.

시민 인터뷰

박현숙

발달장애 예술인 백종하 작가의 어머니

저는 백종하 작가의 어머니 박현숙입니다. 제 아들 백종하는 발달장애인이며, 화가입니다. 흔히들 종하를 보고 서번트 증후군이냐고도 묻습니다. 고기능 자폐스펙트럼장애를 가진 종하와 같은 경우는 특정 분야에서 뛰어난 모습을 보이기도 해요. 그래서 사람들은 종하를 보고 "타고난 재능이다"라고들 하지만, 저는 그저 아이가 좋아하는 걸 지켜봐 준 것뿐이에요.

종하는 하기 싫은 건 절대 못하는 아인데, 그림 그리는 것만큼은 정말 좋아했어요. 그게 제겐 늘 감사한 일입니다. 종하는 어릴 때부터 글자 하나, 선 하나에 오래 머물렀어요. 한자를 보면 그림처럼 받아들이고, 획이 이어지는 걸 유난히 좋아했죠. 저는 종하의 그림 안에 숨어 있는 종하만의 세계를 봤어요. 그 세계가 너무 소중해서 지켜 주고 싶었습니다. 싫은 건 바로 표현하는 아이라 좋아서 한다는 건 정말 큰 축복이죠.

종하가 미술 활동을 처음 시작할 때만 해도 발달장애 예술인이 개인으로 지원받을 수 있는 제도가 거의 없었습니다. 개인은 예산을 지원받을 수 없거든요. 다행히도 장애인단체에서 종하와 함께 장애인식개선사업을 시작하게 되었어요. 종하의 그림이 장애인에 대한 인식을 개선할 수 있게 될 거라고 동의해 준 분들이 있었던 거죠. 처음 300만 원으로 시작한 사업이 점점 커져서 안양시에서는 매년 장애인식개선사업에 많은 분들이 동참하고 있어요. 우리의 도전이 헛되지 않다는 게 정말 마음에 들었습니다.

문화예술 분야의 일자리도 안양에서 처음 시작됐어요

종하에게도 좋아하는 일을 직업으로 연결해 주고 싶었지만 사실 그때는 현실적으로 쉽지 않아 보였습니다. 그때 안양시 장애인복지 관계자 한 분이 이렇게 말해 주셨어요.

“문화예술 직무를 한번 만들어보면 어떨까요?”

그 한마디가 계기가 되어 안양에서 처음으로 장애인 문화예술 일자리가 생겼습니다. 이제는 기업의 장애예술인 직무 채용이나 장애인 예술단체에서 일자리를 만들어 참여하는 장애인들이 늘어났고, 기초지방정부에서 지원하는 곳도 많아졌어요.

처음에는 한 명의 청년을 위한 일이었지만 지금은 다른 발달장애 예술인들에게까지 확장되고 있습니다. 그 변화가 참 감사해요.

"시장님은… 종하에게 키다리 아저씨 같은 분이에요."

저는 시장님께 민원을 들고 찾아간 적도 없습니다. 홍보를 해 달라고 요구한 적도 없고요. 그냥 조용히, 아이 옆에서 할 일을 했을 뿐이에요. 그런데 주변에서 말씀을 전해주시더라고요.

"시장님이 종하 이야기 자주 하세요."

"종하 작업 좋다고, 전시도 잘 보고 오셨다고…"

그 말이 저는 참 고마웠어요. 보이지 않는 곳에서 늘 응원해 주시는 분입니다.

발달장애 작가들에게는 '공간'이 필요합니다. 제가 세상에 바라는 건 거창한 게 아닙니다. 발달장애 예술인들이 계속 작업하고, 배우고, 전시할 수 있는 공간, 그게 꼭 필요해요. 프로그램은 일시적입니다. 하지만 공간은 예술인들의 하루와 미래를 바꿉니다.

지금도 재능 있는 발달장애 작가들이 성인이 되면 마땅한 시설이 없어 그림을 놓아 버립니다. 그게 너무 안타깝습니다. 종하 같은 아이들이 지역 안에서 계속 성장할 수 있다면 그건 그 아이들만이 아니라 도시 전체의 자산이 됩니다.

"장애인 자립 기반 마련과 삶의 질 향상을 위해 지속적으로 일자리 사업을 추진해 오고 있습니다. 양질의 일자리를 발굴 및 확대하여 장애인과 함께 성장하는 안양을 만들어 가겠습니다."

– 2023년 12월

종하는 안양에서 자랐고 안양을 참 좋아합니다. 어릴 땐 학교에서 상처도 있었지만 지금은 축제에서 시민들이 "종하 작가님!" 하고 불러 주고 전시장에서 동창들이 와서 응원해 주고 지역에서 인정받는 경험을 많이 했어요.

저는 사실 안양이 아니었다면, 우리가 이렇게 차근차근 성장할 수 있을까? 생각해 보곤 해요. 이제 많은 분들이 종하를 기억해 주시거든요. 한 도시가 한 사람에게 이런 마음을 갖게 해 주는 건 쉽지 않은 일입니다. 안양은 저희에게 고마운 곳입니다. 종하가 예술가로 활동하게 된 건 이 도시가 조금씩, 조금씩 손을 내밀어 준 덕분입니다. 아이의 재능은 부모가 지켜야 합니다.

하지만 그 재능이 직업이 되고, 사회적 역할이 되고, 지역과 연결되는 것은 행정이 함께 만들어야 하는 영역입니다. 저는 그 길을 안양에서 봤습니다.

그리고 앞으로도 더 많은 아이들이 자기만의 속도로, 자기 방식으로 자랄 수 있기를 바랍니다.

"제가 만났던 학생들의 눈빛에서 저는 뿌듯함을 보았습니다. 장애를 장애로 만들지 않는 넉넉한 품이 되는 안양이 되길 바랍니다." – 2022년 12월

장애 자녀를 둔 가족들의 말씀을 들을 때마다, 저는 한 도시가 한 사람을 어떻게 지켜낼 수 있는지 깊이 생각하게 됩니다. 종화 작가의 삶을 따라가다 보면 결국 한 가지 사실에 닿게 됩니다. 행정이 조금만 더 손을 내밀어 주었더라면, 한 사람이 훨씬 더 일찍 자기 삶을 꽃피울 수 있었을 것이라는 사실입니다. 이것은 누구나 마찬가지입니다.

행정은 시민의 삶 뒤에서 조용히 받쳐 주는 보이지 않는 손이어야 한다는 것을 백종화 작가의 이야기로부터 배우고 있습니다. 행정은 격렬하지 않지만 단단해야 합니다.

백종화 작가가 어머님의 든든한 지지를 바탕으로 안양 최초의 발달장애인 인식 개선 사업을 시작할 수 있었던 것, 그것이 오늘의 장애인 문화예술 일자리까지 이어질 수 있었던 것은 도시의 품이, 뒤늦게나마 그 길을 열어 주었기 때문입니다. 저는 그 출발점을 결코 가볍게 여기지 않습니다.

한 사람의 삶을 향한 작은 행정의 응답이 얼마나 큰 변화를 만드는지를 안양이 증명해 주었기 때문입니다.

존엄을 지키는 행정, 시민이 알려준 길입니다

장애인 정책은 특정 집단의 정책이 아닙니다 오히려 그 반대였습니다. 장애인의 안전은 곧 노인의 안전이고, 노인의 안전은 곧 모든 시민의 안전이며, 모든 시민의 안전은 곧 인간 존엄성의 문제입니다. 가장 어려운 곳을 먼저 보완하면 보다 수월한 곳은 이전보다 더 쉬워집니다. 예민해야 합니다. 감각이 예민해진 도시가 다른 행정도 올바르게 할 수 있습니다. 그래서 안양은 장애인 정책을 '사회적 약자'라는 단어로 묶어놓지 않았습니다. '약자'라는 단어 자체가 이미 경계를 만들어 버리기 때문입니다. 정부의 기조도 점차 경계를 없애는데 주력합니다. 차별을 줄여 나가는 것이 행정의 책임이기 때문입니다. 이 철학은 안양시의 공약·정책·예산에 고스란히 반영되어 있습니다.

돌봄은 가정이 온통 책임져야 할 일이 아니라 공동체의 일입니다. 백종화 작가를 비롯해 장애 인식 개선사업에 참여하고 실제로 일자리를 갖게 된 장애인 청년들의 사례가 보여 주는 것처럼 가정이 감당하고 있는 돌봄의 무게를 이제는 도시가 같이 들어야 합니다. 그래서 안양시는 장애인·노인·아동·여성의 돌봄 정책을 하나의 구조 안에 두고 확장해왔습니다.

혼자 버스를 탈 수 있는가? 넘어졌을 때 누군가 바로 도와줄 수 있는가? 안전하게 일할 수 있는가? 자기 속도대로 성장해도 되는가? 지역사회가 나를 기억해 주는가?

이 질문들이 결국 장애인뿐 아니라 노인·아동·청년에게도 동일하게 적용됩니다. 행정은 이 질문에 '예'라고 답해야 합니다. 그것이 도시의 품격입니다.

행정의 감수성은 기술보다 먼저 움직여야 합니다. 그래야 만들어 놓은 과학기술을 영리하게 사용할 수 있습니다. 안양은 스마트도시통합센터, AI 안전망, 낙상감지 시스템 등 첨단 기술을 지방정부 중 가장 빠르게 도입해왔습니다.

언제나 기술보다 먼저 있어야 하는 것은 사람입니다. 사람의 안전을 가장 먼저 감지하는 감수성입니다. 기술은 사람을 보조해 주는 것일 뿐 존엄을 보장해 주는 근본 장치는 아닙니다. 기술을 어디에 쓰느냐, 누구를 보호하느냐, 그 우선순위를 결정하는 것은 결

●●● 함께 걷는 길이 행복합니다.

국 사람에 대한 감수성입니다. 행정이 사람의 속도를 이해해야 기술도 올바르게 쓰입니다.

도시는 사람들이 살아가는 곳입니다. 따뜻함도, 상처도, 희망도, 매일의 리듬도 모두 이 공간에서 경험됩니다. 그렇다면 행정의 목표는 거창한 구호가 아니라, 사람이 이 도시에서 '있고 싶은 마음'을 느끼게 하는 일이어야 합니다.

안양이라는 이름을 자기 삶의 일부로 받아들이는 사람. 그 사람이 많아질수록 도시는 더 강해지고 더 따뜻해집니다. 행정은 결국 한 사람의 삶을 바꾸는 일입니다. 우리 공직자 여러분들도 이를 절대 잊지 않길 바랍니다. 성장하는 사람의 속도, 그 삶의 속도에 맞추어 옆에 서 주는 일입니다. 복지정책은 다른 말로 '존엄 정책'입니다.

안양은 사람이 자기 속도를 지킬 수 있는 따뜻한 도시이길 바랍니다. 기술이 정교해지고, 행정이 민첩해지면, 도시는 안전해지고, 사람은 다급하지 않아도 됩니다. 그것은 바로 인간의 존엄성입니다. 요즘 새벽 배송 논란이 거세지요. 우리는 왜 그 문제를 놓고 첨예하게 대립합니까? 바로 속도와 존엄의 문제이기 때문입니다. 지나치게 빠른 속도는 인간의 존엄을 해칩니다. 사람의 호흡보다 빠른 노동, 이것은 우리를 갉아먹게 됩니다.

●●● 돌봄노동 종사자들과 즐거운 시간을 보냈습니다.

장애가 무엇일까요? 장애는 사회가 만든 것이 아닐까 생각합니다. 또한 장애를 자꾸 장애라고 지칭하는 것은 속도를 기다려 주지 않기 때문입니다. 보통 우리는 느려지면, 문제라고 인식합니다. 어쩌면 그건 문제가 아닐 수도 있지요. 기다리면 되는 일인데 이 사회가 우리를 기다리지 못하게 만듭니다.

장애 학생 교육이 어렵다는 이유도 이들의 속도를 기다려 줄 만큼 교육과 사회가 여유 있지 못하기 때문입니다. 그렇다고 교육 전반의 속도를 늦추라고 하기엔 아직 안양시같은 기초 지방정부에서 추진하긴 어려움이 있습니다.

그 대신 장애 학생을 위한 특수교육 지원에도 한 걸음 더 들어갔습니다. 우리 안양시는 2022년 교육 예산 중 '공교육 활성화' 항목에 특수교육 지원을 명시적으로 포함했습니다. 안양시의 덕천초등학교는 다른 학교에 비해서 운동장과 부지가 상당히 넓습니다. 여기에 다행히도 특수교육지원센터를 지을 수 있었어요. 이곳에서 장애 학생들을 위한 직업교육과 다양한 체험 프로그램에 운영비를 지원하고 있습니다. 장애 학생의 교육은 단지 '교실에 앉아 있는 시간'을 넘어서야 하기 때문입니다. 직업으로 연결되는 체험, 사회로 나갈 수 있는 준비, 그리고 일반 학생들과 마찬가지로 배움의

●●● 덕현지구 內 청년임대주택 단지 방문.

기회를 누릴 수 있어야 합니다. 장애를 가진 학생들이 특수학교나 특수교육 설비 안에서만 머무르는 것이 아니라, 일반 학교·지역사회·직업교육과 연결되는 배움의 길목이 되도록 구조를 짰습니다.

특수교육지원센터 운영비 지원을 통해 교육환경을 개선하고, 직업 훈련과 체험 중심 프로그램을 통해 자립 가능성을 높입니다. 이것은 장애 학생이 '수혜의 대상'으로 머무르지 않고, 도시의 구성원으로서 존중 받으며 살아갈 수 있도록 하는 행정의 표현입니다.

또한 주택·생활환경 개선이나 돌봄 시설 확대와 같은 장애인 복지정책이 교육과 떨어져 있는 것이 아니라 이어져야 한다고 믿습니다. 예컨대 집 안에서 움직이기 힘들었던 장애인이 더 안전하고 여유 있게 생활할 수 있을 때, 학교생활·학습생활로 나아가는 첫걸음이 더 단단해집니다. 주간보호시설, 중증 장애인 공공일자리, 주택 개조 지원 등이 교육의 연장선상이자, 일상과 학습이 만나는 지점이라는 인식입니다.

보이지 않는 곳에 놓인 교육의 불균형은 어디서든 삶의 불안으로 돌아오기 마련입니다. 장애학생이 학교에서 배움의 즐거움을 느끼고, 그 다음 단계로 나아갈 수 있도록 하는 것이 장애인 교육·복지의 핵심입니다. 장애인을 위한 교육정책을 '특수 → 통합 → 자립'이라는 흐름 속에서 계속 확장해 나가야 합니다.

특수학교나 특수교육지원센터로 시작하는 특별한 길이 만들어져야겠죠. '모두를 위한 안전한 배움의 장'이 있다면 누구나 쉽게 시작하는 배움의 문이 열리는 것입니다.

이 문을 열기 위해서는 고리가 필요합니다. 비유하자면, 각 고리들은 그 강도가 조금씩 다릅니다. 이 약한 고리가 끊어지면 순차적으로 하나씩 다른 고리들도 힘을 못 받게 됩니다. 도시는 가장 약한 고리부터 살펴야 합니다.

●●● 정은혜 작가 초청 토크쇼.

모두가 연결된 도시안에서의 돌봄

도시의 안전과 돌봄은 한두 집단만의 문제가 아닙니다. 장애인, 어르신, 여성, 저소득층, 고립가구 등 이들이 안정되어야 전체 공동체가 흔들리지 않습니다. 그래서 안양은 '약한 곳을 단단하게 만드는 복지'를 중심축으로 삼아 도시의 기반을 재정비해 왔습니다.

최근 대한민국 정부에서도 강조했듯이 복지란 신청하는 사람에게만 주어져서는 안 됩니다. 찾아가고, 발굴하고, 연결해야 비로소 제 기능을 합니다.

안양은 복지 사각지대를 직접 찾아내는 시스템을 만들어 왔습니다. 카카오톡 발굴단, 복지상담 콜센터, 고립가구 복지콜 사업을 통해 위기 상황을 조기에 발견하고, 필요한 지원을 가장 빠른 속도로 전달했습니다. 2023년 한 해에만 1,400세대 이상에게 긴급생계

비와 의료비, 교육비를 지원했습니다. 한국의 복지 시스템은 해를 거듭하면서 발전해 왔습니다. 안양시는 그보다 더 먼저 시민들의 곁을 지키고자 노력해왔습니다. 그러나 행정에서 들여다보는 복지는 서류에 머물 수밖에 없습니다. 시민들의 상호 돌봄과 마을 돌봄이 자리잡아야 행정에서 지원하는 복지도 그 힘을 발휘할 수 있습니다. 누구나 쉽게 사용하고 참여할 수 있는 카카오톡 발굴단과 복지상담 콜센터는 주거위기에 처한 분, 정신건강에 어려움을 겪는 분들을 빠르게 찾아낼 수 있는 시민들의 관심으로 성장했습니다. 시민들이 이렇게 하나 둘씩 주변을 살펴 주면 행정이 할 수 있는 일을 찾아 달려갑니다.

주거 개선 역시 돌봄의 중요한 축입니다. 도배·장판·싱크대 같은 기본적인 생활 환경을 개선해 사람들이 다시 일상을 살아갈 수 있도록 도왔습니다.

재난 위험을 먼저 예방하는 일사천리 사업을 통해 저소득 가구의 재난 대응 안전망도 갖췄습니다.

노인정책은 존엄과 참여를 중심에 둡니다. 안양의 어르신 정책은 단순한 복지 확대를 넘어서 어르신이 도시의 구성원으로 참여하고, 존엄을 지키며 살아갈 수 있는 구조를 만드는 것이 중요했습니다.

노인 주치의 서비스로 건강을 미리 살피고, 치매안심센터와 치매전문요양원 건립 추진으로 예방부터 돌봄까지 끊김 없는 체계를 만들었습니다. 맞춤 돌봄 서비스, 병원 동행, 경로당 평생교육 등 어르신에게 필요한 실질적 지원도 강화했습니다.

특히 고령화 사회에서는 일자리가 중요합니다. 자기 일을 갖는다는 것은 사회와의 관계망을 놓지 않는다는 뜻입니다. 고강도의 노동이 아니더라도, 고소득이 아니더라도 사람은 일과 직업을 통해 세상과 연결됩니다. 이 연결망이 끊어지면 고령자뿐 아니라 누구라도 사회와 금세 손을 놓게 됩니다. 따라서 일자리는 복지체계를 단단히 하고 도시의 기반이 되는 사람을 놓치지 않는 기초가 됩니다.

2023년 한 해, 4,700명 넘는 어르신이 공익활동·사회서비스·시장형 일자리에서 활동하며 도시 곳곳에서 공공서비스를 함께 만들어 주셨습니다. 70세 이상 어르신에게 제공된 교통비 지원은 이동권과 사회 참여를 보장하는 기반이 됐습니다.

특히 장애인 정책은 안양 복지의 핵심입니다. 안양시는 장애인의 삶을 '교육 → 일상 → 일자리 → 주거 → 문화'로 이어지는 하

●●● 더 나은 일자리를 위한 일자리 박람회.

나의 통합된 흐름으로 바라보고 정책을 설계해 왔습니다.

우리 안양시는 전국 최초로 장애인복합문화관을 조성했습니다. 총 예산이 300억 정도 되는데, 문화체육관광부의 공모 사업을 신청해서 부족한 비용을 충당했지요. 문화관을 짓기 위해서는 공간이 필요했는데요, 아시다시피 안양시는 뭐든 새로 짓는게 정말 어렵습니다. 이미 도시는 포화상태지요. 그나마 이 부지가 테니스장이니 건물을 지어 더 많이 활용할 수 있겠더군요. 바로 앞에 장애인종합복지관이 있고 평생학습센터도 있으니 여기 장애인복합문화관을 설치해서 장애인이 우선 이용하게 하면서 동시에 최대한 개방하면 시민들의 동의를 받기 좋겠다고 생각했습니다. 우여곡절 끝에 시민들의 동의를 얻어서 장애인복합문화관을 짓게 되었습니다. 1층에는 발달장애 청년들이 일하는 커피숍이 있고, 장애인 예술가들의 작품이 수시로 전시되고요. 평생학습공간으로도 사용하고, 기업의 후원을 받은 특별시설도 있습니다. 특히 이곳을 설계할 때 중점을 둔 것은 체육 시설입니다. 특별한 이름을 붙여서 반다비 체육관을 함께 설치했습니다. 지체장애인이나 발달장애인 모두 체력단련과 운동은 매우 소중합니다. 비장애인보다 더 절실합니다. 장애의 특수성 때문에 적당히 운동하기 좋은 곳을 찾기 어렵고 장애인에게 맞는 운동 훈련 과정을 연구하고 적용하는 전문가도 그리 많지 않습니다. 게다가 장애마다의 특수성이 있습니다. 어떤 분은 재활훈련이 더 절실하고 어떤 분은 신경 문제로 인해 순환이 어려워 한 가지 장애가 다발성 장애로 확대되기도 합니다. 식습관의 문제가 생기거나 운동량이 현저히 줄어들어 건강을 해치기도 합니다. 반다비 체육관 설치는 장애인이 운동하고, 배우면서 스스로를 돌볼 수 있는 힘을 기르게 하고 자기 주체성을 획득하기 위한 도시의 지원입니다. 장애인복합문화관은 이웃과 연결되는 공간을 만들기 위한 노력입니다.장애인복지관, 주간·단기보호시설 운영을 통해 가족 돌봄 부담도 나누고 있습니다.

장애인 일자리는 특히 중요합니다. 사회가 함께 감당한다는 의미가 있기 때문이죠. 장애 특성을 반영한 공공일자리, 발달장애인 요양보호사 양성, 웹 접근성 모니터 요원 같은 특화 일자리는 일을 통한 자립을 세우는 정책입니다. 특수교육지원센터와 특수학교 지원도 강화해 장애학생의 직업체험·직업훈련을 일상 교육과정과 연결했습니다.

안양은 2012년부터 3회 연속 여성 친화 도시로 지정되었습니다. 안양은 여성을 돌봄의 대상으로만 보는 시각에서 벗어나 여성을 '도시 운영의 주체'로 세우기 위해 노력해 왔습니다. 세상의 절반이 여성인데, 세상은 남성 중심으로 설계되어 있지요. 여성들의 목소리를 듣고 반영하는 게 중요합니다. "여성을 위한 도시는 없다"라는 책 제목도 있더군요. 어떤 도시는 여성에게 위험하고 어려운 공간이기도 합니다. 안양시는 여성이 안심하고 살 수 있으며 여성의 강점을 발휘할 수 있는 체계를 구축하고자 여성 친화 시민참여단을 통해 여성이 직접 도시를 관찰하고 정책을 제안하는 구조를 만들었습니다. 여성 안심 지도, 공공시설의 안전디자인, 여성 1인 가구 안심 패키지 등은 여성이 일상에서 체감할 수 있는 변화를 만들었습니다. 또한 최근 몇 년 새 여성을 대상으로 한 무차별 범죄나 스토킹 범죄, 공공화장실 불법 촬영 등의 문제가 사회를 떠들썩하게 할 때마다 안양시는 선제적으로 나서서 이 문제를 해결

●●● 장애인복지관 나눔바자회.

하고자 했습니다. 공공화장실의 불법촬영 감시시스템과 밀폐된 화장실 안에서 폭력사건이 발생할 경우 긴급하게 출동할 수 있는 도움시스템을 설치했습니다. 한적한 지하도, 골목길에서도 여성들이 안심하고 귀가할 수 있도록 여성 안심 거울, 안심벨 설치, 귀가길 도움과 같은 지원을 아끼지 않았습니다.

여성의 경제활동 참여는 도시의 활력을 좌우합니다. 여성새로일하기센터와 여성인력개발센터를 통해 재취업 교육·직업훈련·창업 지원을 강화했고, 많은 여성들이 다시 경력을 되찾았습니다. 각종 위원회의 여성 비율을 높여 시정 참여 구조도 실질적으로 개선했습니다. 2025년 새롭게 들어선 이재명 정부는 여성가족부를 성평등가족부로 바꾸고 더 확장된 성평등과 가족의 보호를 추진하고 있습니다. 한국사회가 여성인권 신장을 위해 노력해 온 것은 사실이나 아직도 OECD 국가중에 성별 임금 격차, 경력 단절 여성의 비율, 돌봄의 부담 해소는 미흡한 상태입니다. 또한 1인 가구가 늘어나면서 가족에 대한 개념도 더 확대될 필요가 있습니다. 안양시도 이에 발맞춰 다양한 층위에서의 성평등과 돌봄, 청소년을 비롯해 포용적인 사회정책을 만들어 나갈 필요가 있습니다.

안양시는 이 도시를 떠받치는 취약 노동자를 위한 권익 보호에도 앞장서 왔습니다. 열악한 노동 환경이 시민들이 사실 우리 생활

●●● 불법촬영카메라 점검반과 함께 여성안심화장실을 점검했습니다.

을 지탱하고 있지요. 안양시노동인권센터는 노동법 상담, 권리 구제, 감정노동자의 심리 지원, 이동노동자 쉼터를 운영하고 있습니다. 노동자는 시민이기도 하고 시민들의 일과 노동이 조금 더 신바람 나야 도시의 활력이 유지되기 때문이죠.

코로나 19 팬데믹 기간 중에 불거졌던 아프면 쉴 권리에 집중해 상병수당 시범사업을 도입해서 아프면 쉴 수 있는 권리를 보장하기 위해 안양시도 힘을 보탰습니다.

앞서 말한 여러 사례들은 통합 돌봄과 비영리 일자리의 확대로 이어져야 합니다. 이제 우리는 긴 시간 혹독하게 일하는 사회에서 여가를 즐길 수 있고 자기 실현이 가능한 일자리를 많이 마련해야 합니다. 일의 생산력도 중요합니다만 집중적으로 노동하기보다는 단시간 일해야 하는 인구가 늘어나고 있습니다.

베이비부머 은퇴세대, 고령자, 장애인, 가족돌봄에 많은 시간을 할애하는 시민들도 사회와 연결되기 위한 건강한 일자리가 많이 필요합니다. 이들의 일자리는 행정의 빈틈을 채워 주고 공공의 선을 추구하는 방향성을 갖게 될 것입니다. 시대는 통합 돌봄을 요구하고 있습니다. 또한 생애주기별 맞춤형 복지도 필요하죠. 그러나 이 모든 것을 행정에서 현재처럼 각 부처별로 분할해서 진행하기에 어려움이 많습니다. 이 간극을 메워 줄 수 있는 것이 비영리 일자리입니다.

경기도가 비영리 일자리에 대해 고민하고 있는 것처럼 안양시도 공익활동지원센터 설치를 위해 비영리 일자리 활성화를 위해 어떻게 제도를 개선할지 연구할 수 있는 기반을 만들었습니다.

공공근로·지역 공동체 일자리·청년·신중년 맞춤 프로그램 등 계층별 특성에 맞춘 일자리 지원를 강화하는 것은 도로나 상하수도처럼 도시의 어려운 지점을 함께 해결하는 진정한 주민참여형 지방자치를 도모하는 일입니다. 고용 확대의 문제를 넘어서는 참여의 방향인 것이죠.

끝나지 않는 함께 돌봄

시민참여를 늘리려면 안정적인 도시가 되어야 합니다. 그리고 이 도시에서 살다가 사라지는 순간에도 존중 받겠다는 믿음이 있어야 합니다. 일자리가 생계를 넘어 존엄의 회복과 사회적 연결망이 되듯, 복지 역시 시민의 전 생애를 따라가며 삶을 지탱하는 힘이 되어야 합니다.

제가 이해한 복지는 시민의 삶 전 과정에 대한 책임감입니다. 태어나고 자라서, 일하고 서로 돌보며 배우고 자신을 찾고 노년으로서도 편안하게 살다가 마지막 순간까지 도시가 함께해야 비로소 완전한 복지체계가 완성됩니다. 안양시가 일자리 · 안전 · 돌봄을 하나의 복지로 묶어 정책을 재설계하고 있는 이유도 여기에 있습니다.

그러한 관점에서 저는 장사·추모 인프라 역시 복지의 한 축이라고 판단했습니다. 안양시는 오래도록 자체 화장시설이 없어 많은 시민이 먼 지역으로 이동해야 했습니다. 내내 안양에 살던 분을 멀리 모신다는 건 가족들로서는 슬프고 아쉬운 일입니다. 시민의 삶이 마지막에 다다르는 지점에서조차 불편과 비용의 압박을 겪는 현실이 너무 안타깝지요.

그래서 안양시는 화성시, 부천시, 광명시, 안산시, 시흥시와 함께 함백산추모공원 건립을 추진했습니다. 이 공동시설의 개원으로 안양 시민들은 이제 더 먼 곳까지 가지 않아도, 합리적인 비용으로, 품격 있는 환경 속에서 장례와 추모를 할 수 있게 되었습니다.

●●● 6개시 시장님들과 함백산추모공원을 찾았습니다.

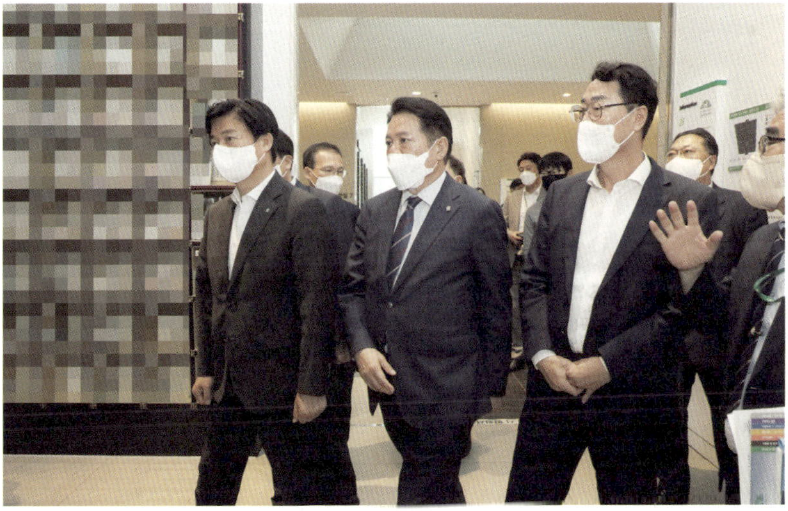

함백산추모공원은 도시가 시민의 마지막 존엄까지 책임지겠다는 선언이 담긴 공간입니다.

사실 이 사업에는 조금 길고 험한 사연이 있습니다. 과거 안양이 이 공동사업에서 빠졌던 적이 있었습니다. 일부 지자체 간의 이해가 얽히면서 안양이 자연스럽게 사업에서 제외되는 일이 벌어졌습니다. 안양은 자체 부지조차 없고, 장례식장 확충은 쉽지 않은 도시였습니다. 그래서 더 뼈아프고 안타까운 결정이었습니다. 어렵게 만들어 온 협력의 틀에서 안양이 빠져 버린 것이 저는 정말 기가 막혔습니다.

그래서 2018년 시장으로 취임하자마자 가장 먼저 다시 움직였습니다. 이미 다섯 개 도시가 함께하고 있던 사업이었기에, 저는 화성시, 부천시, 광명시, 시흥시, 안산시 시장들을 한 분 한 분 직접 만나고 통화하며 다시 참여를 설득했습니다. 당시 시장들은 모두 초선이었고 이 사업의 오랜 배경을 잘 모르고 있었습니다. 저는 사실상 읍소하다시피 설명했습니다. "안양시는 부지가 없고, 시민들은 갈 곳이 없다. 이 공동시설에 꼭 다시 들어가야 한다. 함께 도와 달라."

각 도시도 그들의 의회를 설득해야 했고, 안양 역시 시의회 상정을 거쳐야 했습니다. 여러 행정 절차를 다시 밟았고, 결국 모든 도시가 안양시를 다시 받아들여 주었습니다. 이것은 단순히 한 시설의 재합류가 아니라, 광역 협치의 힘으로 멈췄던 사업을 다시 살려낸 과정이었습니다.

그 결과, 지금까지 약 9,700여 명의 시민이 함백산추모공원을 이용했습니다.

특히 2021년 코로나 시기, 이 시설이 없었다면 시민들은 장례조차 제대로 치르기 어려운 상황이었을 것입니다. 저는 이것을 "민비(民費)를 관비(官費)로 바꾼 사례"라고 생각합니다. 멀고 불편하고 비싸게 치러야 했던 장례를, 가장 가까운 곳에서, 가장 합리적인 비용으로, 가장 품격 있게 바꿔낸 일이기 때문입니다.

게다가 이용 만족도도 매우 높습니다. 실제로 이용자들은 "16만 원이라는 비용이 믿기지 않을 정도로 깨끗하고 정돈된 시설"이라며 모두 만족해 합니다.

함백산추모공원은 단순한 공동 장사시설이 아닙니다.

광역 협력의 모범사례, 도시 행정이 시민의 마지막 순간까지 책임질 수 있음을 증명한 공공성의 성취, 그리고 안양이 다시 당당히 자리매김한 광역 협치의 결과물입니다. 경기도라는 거대한 공동체가 도민들의 존엄한 삶을 함께 지킬 수 있다는 것을 보여드린 결과 아니겠습니까.

안양시가 사업을 다시 되살리고, 시민에게 돌려드리려고 애쓴 노력은 숫자로만 평가할 수 없는, 도시의 품격을 높인 중요한 성과

완공된 함백산추모공원.

가 되었습니다.

안양시는 앞으로도 시민이 장례 절차를 명확히 이해하고 혼란 없이 진행할 수 있도록 안내 체계를 강화해야 합니다. 이용 경험을 지속적으로 점검하고, 시설의 품격과 환경을 유지하며, 공동 운영 지자체와 협력 구조를 발전시켜야 합니다. 도시가 시민의 마지막 순간을 어떻게 대하는가는 그 도시의 품격을 결정합니다. 저는 안양이 그 기준을 더 높여야 한다고 믿습니다.

생애주기별 복지라는 큰 틀 안에서 함백산추모공원은 삶의 마지막을 준비하는 시민에게 공공이 지켜야 하는 최소한의 품격을 실천한 결과입니다. 태어남부터 일자리, 돌봄, 안전, 그리고 고요한 이별까지 도시가 함께하는 구조를 만들어야 비로소 시민이 안양시를 신뢰할 수 있습니다.

안양시가 지향해 온 복지는 도시의 약한 지점을 보완하고, 모든 시민이 사회와 연결될 수 있도록 돕는 구조적 복지이며, 시민주권 도시로의 나아갈 길입니다.

인간의 문명은 상호 돌봄의 힘으로 유지되었습니다. 이 상호 돌봄은 보호를 넘어 자립의 기반이 됩니다. 안전은 선택이 아닌 권리이며, 일자리는 생계를 넘어선 존엄의 회복이며 사회와의 연결망입니다.

누구도 뒤에 남겨 두지 않는 도시, 도움이 필요할 때 가장 먼저 손을 내미는 도시, 모든 시민의 존엄을 지키는 도시로 더 발전해 나갈 수 있도록 안양의 인구구조와 산업구조에 맞춤한 적극 행정이 필요합니다.

행정은 자칫 잘못하면 투입하는 예산에 비해 사업의 성과가 미진하거나 특정 사업이 과장될 수도 있습니다. 비교적 짧은 임기 내에 성과를 확인하려는 욕구는 모든 행정체제에 잔존합니다. 이를 극복하기 위해서는 보다 긴 시각으로 도시발전의 방향을 확고히 하고 이를 위해 단계를 밟아나가는 것이 중요합니다.

지난 8년간 안양시는 청렴하고 일 잘하는 도시가 되었습니다. 문제점을 해결하고 제도를 개선하는데 8년이 더 걸린 셈이죠. 이제 제대로 일을 할 수 있는 기반이 마련되었으니 분산되어 있는 것들을 하나씩 통합해 내 차별과 혐오가 없는 행정을 만들어 나갈 필요가 있습니다. 행정이 분절되면 배제되는 사람들이 발생하거나 중복 지원도 만연하게 됩니다. 이를 통합하기 위한 준비는 마쳤다고 볼 수 있습니다.

출생부터 보육 육아, 교육까지의 단계가 1차적으로 완성되었습니다. 안양시의 올라가는 출생율이 이를 증명하지요. 안양시의 재능 장학생 제도는 완전히 자리잡아 이제 세계 무대로 진출하는 청년들이 나타나고 있습니다. 정말 뿌듯한 일입니다. 그렇다면 안양은 청소년과 청년을 길러 내보내기만 해야 할까요?

이들이 다시 기쁘게 돌아와 안양에 다시 희망을 불어넣는 도시가 되어야 합니다. 우리가 그 준비를 해야 합니다. 옛말에 굽은 나무가 마을을 지킨다고 했습니다. 잘 생긴 소나무는 궁궐로 간다는 이야기였죠. 이제 안양은 행정이 굽은 나무가 되겠습니다. 마을을 지키며 잘 생긴 소나무도, 굽은 나무도, 소박하게 마을을 지키는 사람들도 어우러져 클 수 있는 기반이 되어야 합니다.

●●● 안양시는 무연고자 장례식을 지원하고 있습니다.

3장

시민이 자라날 때 행정도 자랍니다

"시민이 성장할 때 도시도 같이 성장합니다."

한 아이의 탄생에서 청년이 도시를 떠나지 않기까지,

출산·양육·교육은 끊어진 조각이 아니라 하나의 흐름이어야 합니다.

안양은 공공 보육과 교육복지, 평생학습과 아동 친화 도시,

청년 정책을 서로 잇는 길을 선택했습니다.

가정의 형편이나 출발선의 차이가 아이의 꿈을 결정짓지 않도록,

도시가 함께 책임지는 구조를 세우고 있습니다.

아이와 청년이 도시를 신뢰할 때, 안양도 비로소 내일을 얻습니다.

서지성

여섯 남매 엄마·안양시 저출산위원회 위원

저는 2014년에 안양으로 이사 온, 여섯 아이를 키우고 있는 엄마 서지성입니다. 제일 큰 아이는 2013년생이고, 막내는 2024년에 태어났어요. 한 해 걸러 한 명씩, 거의 쉬지 않고 아이를 낳고 키워 온 셈이지요.

둘째를 낳을 즈음, 이사를 준비하면서 사실은 안양을 떠날 생각도 했습니다. 전셋집 계약과 다음 집 입주 날짜가 맞지 않아 다른 지역으로 옮겨야 하나 고민하던 때였어요. 그때 길에서 우연히 한 현수막을 보게 됐습니다.

<다둥이 가정 주거 지원>에 관한 안내였어요. 다자녀 가정에는 전세자금 대출 이자 지원 등 주거비를 도와준다는 내용이었죠. '혹시 우리도 해당이 될까?' 싶어 현수막에 적혀 있는 전화번호로 연락을 해 봤어요. 그게 다시 안양에 뿌리를 내리게 된 시작이었습니다.

처음 주거 지원을 받은 이후, 저희 가족은 더 늘어났습니다. 국가지원도 늘어나는 것으로 보였고 저출생이라고 말이 많은데 저희는 아이들이 함께 자라는 걸 바랐거든요. 셋째가 태어나고 난 뒤에 다둥이 가족 주택 지원이 확대됐어요.

저희는 넷째까지 있으니 당연히 되지 않을까 하면서도 당첨 순위를 기다리는 시간이 정말 초조했습니다. 될지 안 될지도 모르는 상황에서 결과만 기다리는 건 쉽지 않더라고요. 다행히 최종적으로 선정이 되어 지금의 집에 입주하게 되었습니다. 현재 제가 사는 공동주택에는 대부분 아이가 네 명 이상인 다자녀 가정이 함께 살고 있습니다. 복도에서 마주치는 이웃들도, 놀이터에서 만나는 아이들도 함께 어울려 자라고 있어요.

그렇게 같은 처지의 부모들이 모이니, 제법 단단한 육아 공동체가 생겨났습니다. 서로 급할 때는 물품을 나누기도 하고 먹거리도 나누죠. 아이들도 자연스럽게 오고가며 놀고요. 이제 제가 사는 곳은 돌봄이 오가는 구조가 됐습니다. 행정이 주거를 연결해 준 덕분에, 생활 속 공동체까지 함께 만들어진 셈입니다.

'아이 한 명을 키우려면 온 마을이 필요하다'는 말처럼, 우리 모두가 그 따뜻한 마음의 일원이라 생각한다.

안양시는 앞으로도 창의적이고 따뜻한 보육 환경을 위해 최선을 다하겠습니다.

– 2025년 5월, 최대호 안양시장

제가 느끼기에는 2018년을 기점으로 보육·육아 정책이 더 강화되었어요. 그 즈음에는 이미 아이가 셋이었기 때문에, 새로운 정책이 나오면 시청에서 먼저 연락을 주는 경우가 많았습니다. "이 정책은 대상이 되실 것 같다, 신청해 보시라"는 안내 전화를 받을 때마다, '내가 일일이 찾아보지 않아도 누군가 나를 기억하고 있구나' 하는 안도감이 생겼습니다.

정책이 점점 촘촘해지면서 저도 정책에 관심을 갖게 되었습니다. 사실 저는 원래 정치에는 관심이 거의 없었습니다. 뉴스에서 나오는 정책 이야기는 늘 "어딘가 다른 나라 이야기 같다"는 느낌이 들었거든요. 그런데 이곳 안양에서 아이를 낳고 키우다 보니, 여기서 계속 살아가려면, 이 도시의 정책에 관심을 가져야겠다는 생각이 자연스럽게 들었습니다. 정치라는 게 거창한 게 아니라, 우리 가족이 살아갈 집을 구하는 문제, 아이가 다니는 어린이집, 병원비, 돌봄서비스, 우리 아이가 학교에서 얼마나 행복하게 지낼 수 있는지와 연결되어 있더라고요.

보건소와 여성가족과에서 정책에 대한 안내를 해 주고 있는데요. 셋째 때부터는 확실히 더 적극적이었습니다. 임신 등록을 하면 어떤 바우처가 있는지, 산모·신생아 건강관리 지원은 어떻게 받는지, 병원에서도 함께 안내를 해 줬습니다. 사실 바우처 같은 건 보험영업인이 먼저 알려 주는 경우도 많지만, 이제는 보건소와 시청이 '공적인 창구'로 정보를 안내해 주는 비중이 늘어났습니다. 이 점은 참 다행이라고 느꼈습니다.

그럼에도 불구하고, 복지의 문턱은 여전히 존재합니다.

교육비 지원, 각종 바우처, 물품 제공 등은 대부분 '소득 기준'이 맞아야 합니다. 다자녀라고 해서 무조건 해당되는 게 아니고, 오히려 다자녀 가정이 특정 지원에서 제외되는 경우도 있습니다.

제가 받은 지원들 중에는 가사도우미, 산후도우미, 출산 전 용품 지원같은 것들도 있었습니다. 물론 큰 도움이 되었습니다. 다만, 어떤 물품은 시기나 실제 필요와 맞지 않는 경우도 있었습니다. "지금 당장 필요한 건 이게 아닌데…" 하는 순간들이 있었어요. 그럴 때면, '차라리 현금으로 지원해 주면 훨씬 효율적일 텐데'라는 생각이 들기도 합니다.

그런데 또 한편으로는, 현금 지원은 언제나 오해와 논란을 부를 수 있다는 것도 압니다. 그래서 정책을 만드는 입장에서 쉽게 결정하기 어렵다는 점도 충분히 이해가 됩니다. 그래서 저는 "무조건 현금을 달라"는 요구보다는, "실제로 필요한 시기에, 필요한 형태로 선택할 수 있는 구조"를 고민해 달라고 요구하게 되더라고요.

"권역별 균형 있는 양육 환경 조성 및 돌봄서비스 제공을 위해 만안구 소재 어린이집을 추가 지정해 운영한다… 앞으로도 세심하고 다양한 돌봄·육아 정책을 추진해 마음 편히 아이를 낳고 키울 수 있도록 힘쓰겠다."

- 2023년 5월, 최대호 안양시장

어린이집 방과후 비용, 산후도우미, 가사도우미 지원 등은 실제 삶의 부담을 상당히 덜어 주는 정책입니다. 반면에 부모급여처럼 어린이집을 보내지 않아야만 받을 수 있는 지원은, 경우에 따라 부모들이 아이를 어린이집에 보내기를 주저하게 만드는 역효과도 있습니다. 상황에 따라서, 어떤 가정은 아이를 집에 붙들어 두는 쪽을 선택하게 되고, 이는 아이의 사회성·발달 측면에서 장기적으로 좋은 선택인지 의문이 들기도 합니다. 정책 하나가 이런 미묘한 선택의 압력을 만들어 낸다는 걸 현장에서 몸으로 느끼고 있습니다.

요즘 저는 시청 공무원들과 어느 정도 얼굴을 알고 지내는 사이가 되었습니다.

저출산위원회에도 참여해 보고 있습니다. 솔직히 말씀드리면,

위원회 활동에 대한 아쉬움도 큽니다. 정책을 설계하거나 점검하는 자리라기보다는, 이미 결정된 내용을 공유 받고 형식적으로 동의하는 자리에 그치는 경우가 많습니다.

"정말 필요한 건, 전문성과 경험을 가진 사람들이 소규모로 모여 깊이 있게 토론하는 자리가 아닐까."

아이 여섯을 키우며 현장에서 느낀 것을 더 많이 나누고 싶어요.

그래도 희망적인 건, '다자녀 맘카페'가 협회 형태로 곧 발족할 예정이라는 점입니다. 공식적인 단체가 생기면, 시나 도와 정책을 논의할 때 더 목소리를 낼 수 있고, 실질적인 개선 제안도 체계적으로 할 수 있을 거라 기대하고 있습니다.

지금 정부의 정책 중에는 실효성이 떨어진다고 느끼는 것들도 분명히 있습니다. 예를 들면, 다자녀 가구 차량 지원 제도가 있긴 한데, 노후 경차만 혜택이 있어요. 아이가 네 명, 다섯 명인데요.

아이들이 지금은 아직 어려서 작은 집도 그럭저럭 버틸 수 있습니다. 하지만 아이들이 자라면 각자의 공간이 필요해질 텐데, 여태 지원해 주신 만큼 함께 고민할 수 있으면 더 좋겠지요.

제가 가장 크게 느끼는 어려움 중 하나는, 복지서비스와 남낭 부서가 너무 분산되어 있다는 점입니다. 뭔가 새로 생겼다는 이야기를 들으면, 그때마다 "이건 어느 부서?", "우리집은 해당될까?"를 하나하나 찾아봐야 합니다. 출산, 주거, 교육, 바우처, 돌봄, 의료… 모든 영역이 따로 흩어져 있어요.

결국 부모가 굉장히 '똑똑한 수혜자'가 되어야, 받을 수 있는 것을 빠짐없이 받는 구조입니다.

제가 요즘 꼭 필요하다고 생각하고 가장 바라는 건, '다른 사람이 나 대신 전체 그림을 보고 내가 받을 수 있는 서비스를 한 번에 안내해 주는 시스템'입니다.

"지금 이 시기에, 이만큼의 소득과 이만큼의 자녀가 있다면, 당신이 선택할 수 있는 지원은 이러이러한 것들입니다."

이렇게 한 눈에 보여 주고, 저는 그중에서 골라 갈 수 있었으면 좋겠습니다.

새로운 지원을 하나 더 만드는 것만큼이나, 지금 있는 제도들을 연결하고 안내하는 일이 중요하다고 느낍니다.

저는 안양에서 여섯 아이를 키우며, 행정이 삶을 얼마나 바꿀 수 있는지, 또 작은 정책 하나가 어떤 부담을 덜어 줄 수 있는지 매일같이 체감합니다.

완벽한 정책은 없겠지만, '아이를 낳고 키우는 일'을 사회가 함께 떠안겠다는 약속이 형식적인 구호에 그치지 않고, 한 가정의 하루, 한 아이의 성장에까지 실제로 닿을 수 있기를 바라고 있습니다.

예전에 경북지역의 한 학교에서 학생들이 우리 문화재 설명문 쉽게 바꾸기 활동을 했다고 해요. 문화재 설명문 보셨나요? 어느 시대에 어떤 왕 때에 어떤 이유로 만들어졌고.. 하는 내용인데 이게 역사에 대한 풀이가 전혀 없어서 정말 어렵습니다. 그 말을 어린이들이 이해할 수 있는 말로 바꿨다는 이야기를 듣고 저도 새삼 깨달았습니다. 우리가 할 일은 참으로 많구나 하고 말이죠.

소통해야 합니다. 행정에서 더 쉬운 말을 찾아내는 노력을 기울이는 것처럼 시민들이 직접 체감할 수 있도록 친절하게 안내하고 시민들이 누릴 수 있도록 도와야 합니다. 정책은 언제나 사람에게 닿아야 비로소 살아 움직입니다.

출산-양육-교육을 하나로 잇는 행정

저출산은 이제 한국만의 일도 아닙니다. 사실상 선진국에서는 흔히 일어나는 현상이기도 합니다. 아이를 낳는 일은 한 가정의 개인사가 아니라, 도시의 책임입니다. 도시가 아이를 기억해야 하고, 행정이 부모의 삶을 함께 짊어져야 합니다. 공직자들은 정책이 닿는 곳에 먼저 찾아가야 합니다. 시민들에게는 행정 용어가 상당히 어렵게 느껴질 수 있고 두려울 수도 있거든요. 과거 우리나라의 제도는 사실 관공서가 좀 불편한 곳이었지요. 일제강점기를 지나, 한국전쟁을 겪고, 또 군부독재를 오래 겪다 보니 관공서가 편안한 곳은 아니었습니다. 우리가 민주주의를 이룬 지 이제 그래도 꽤 되었습니다만, 관공서는 불편한 곳이라는 인식은 아직도 남아 있는 것 같아요. 또 관공서에서 쓰는 말이 일반 시민들이 쓰는 말과 좀 다르지요. 행정기관을 많이 드나드신 분들은 익숙해져 있지만 행정의 용어가 많이 딱딱하고 한자어가 많습니다. 이 역시도 고민이 깊습니다. 바꿔야 합니다. 언어를 바꾸면 행정도 더욱 달라질 것입니다. 초등학교 어린이들도 쉽게 이해할 수 있는 말이 필요합니다. 그래야 어린이들이 무엇을 원하는지 알아들을 수 있을 겁니다.

아이 한 명을 키우려면 정말로 한 마을이 필요합니다. 안양이 그 따뜻한 마을이 되면 좋겠습니다. 지난 5년 동안 우리 안양시에는 국공립 어린이집이 빠르게 늘어 2024년에는 49호까지 개원했습니다.

●●● 다둥이네 보금자리 첫 입주 축하 방문.

이 시설들은 단지 숫자만 늘어난 것이 아니라 '아이를 맡기는 순간부터 부모가 안심할 수 있는 환경'을 목표로 하고 있습니다.

어린이집 안전 공제 보험료 전액 지원과, 보육교사 처우·근무 환경 개선을 힘쓰고, 급식·위생·안전 점검을 강화하며, 시간제보육·긴급보육 확충과 특수교사·언어 치료 등 통합보육을 지원하는 일이 같이 병행되고 있습니다. 부모는 아이를 맡기는 걸로 하루를 시작합니다. 그 하루가 불안하지 않도록 지켜 드리는 것, 그것이 공보육의 본질이라고 저는 생각합니다.

앞서 함께 읽은 안양시민의 인터뷰에서도 있듯이 복지가 필요한 시민들이 일일이 복지 혜택을 찾아다녀야 하는 게 참 쉽지 않습니다. 정확한 지적입니다.

출산사후관리, 육아종합지원, 영유아 검진, 산후도우미, 방과후, 보육·교육비는 현재도 행정이 여러 부서로 흩어져 있습니다. 중복 지원을 줄이고 통합행정을 단계적으로 추진해야 합니다.

안양시는 육아종합지원센터를 설립하고 아이사랑놀이터, 교육 행사, 부모의 소모임, 자녀 발달 지원 뿐 아니라 전문가 상담까지 연계하도록 노력하고 있습니다. 보육의 공공성을 강화해 출산에서 양육까지 안심하고 아이를 키울 수 있도록 지원하고, 보육의 질적 수준을 향상시키며, 일과 가정이 양립할 수 있도록 수요자 중심의 다양한 양육 지원과 서비스를 지원하는 것이죠. 스마트 안양답게, 이용자의 편리성을 확대하기 위해 온택트 보육과 육아서비스를 제공하고, 다각도로 육아를 지원하는 것이 핵심입니다. 스마트 육아 환경을 구축하는 것도 포함되어 있습니다. 우리 시에서 함께 아이를 키운다면 모두가 보육 공동체겠지요. 그래서 보육을 책임지는 교직원들의 체계적인 교육도 지원하고 보육 교직원의 권익 향상도 신경써야 합니다. 어린이집 운영을 내실화할 뿐 아니라 취약계층은 원스톱 서비를 통해 보다 쉬운 복지 혜택을 받을 수 있습니다. 우리는 모두 더불어 사는 지역공동체니까요.

●●● 보육박람회에서.

안양시에서 지원하는 다둥이 주택에는 여러 다둥이 가족들이 더불어 살고 있습니다. 주거가 달라지면 돌봄은 자동으로 생깁니다. 주거·교육·돌봄이 하나로 이어지는 방식이 필요합니다. 전세자금 대출이자를 지원하고, 다자녀의 선정제도를 개선해서 이제 자녀가 둘 이상이면 다둥이가족으로 인정받습니다. 산후 가사도우미 지원부터 방과후 보육비·교육비뿐도 지원합니다. 이번 기회를 통해 시민들의 목소리를 들으니 실효성이 떨어지는 정책들도 여전히 많이 있네요. 행정은 시민들의 삶을 안다고 착각하지 말고 늘 가까이에서 어떤 변화가 있는지, 어떤 문제가 있는지 살펴야 합니다. 그러기 위해서는 우선 먼저, 많이, 자주 만나야 합니다. 행정의 가장 큰 스승은 시민입니다.

안양시는 출산지원금을 대도시 중 최고 수준으로 2배 상향하고 유니세프 한국위원회로부터 아동 친화 도시 인증도 받아 냈지요. 양육자와 자녀를 위한 아이맘카페를 운영해서 쑥쑥 자라는 어린이들의 장난감에 쓰이는 돈을 줄일 수 있게 되었습니다. 실제로 우리 안양시는 2024년에 경기도 평균 0.79명의 출생율을 상회하는 0.85명의 출생율을 기록했습니다.

●●● 어린이들이 많은 도시는 활기찹니다.

배움의 기회를 도시가 책임진다

한국인들의 성공서사에는 가난이 묻어 있습니다. 먹고 살기 정말 힘든 가운데도 열심히 했다, 열심히 공부했다. 일제강점기를 겪고 전쟁을 치르고 격동의 현대사를 거친 이 나라에서 평온하게 살기 참 어려웠죠. 이제 우리나라는 선진국이 되었지만 모두가 선진국에서 살아가는 것은 아닙니다. 위기는 누구에게나 찾아올 수 있습니다. 공부하기 어려울 만큼 경제적으로 힘들었던 것은 과거의 이야기로만 치부하기엔 어렵습니다. 그런데 그런 일시적인 위기로 인해 꿈을 포기하는 것은 정말 가슴 아픈 일입니다.

한국인이 아무리 교육열이 높아도 가정의 위기가 교육의 선택권을 줄여 버리는 일은 지금도 빈번하게 일어납니다. 교육이 가정의 소득에 흔들리지 않는 도시를 만들고 싶었습니다. 그래서 안양시는 학교와 학생을 위한 지원을 '생활-학습-건강'을 이우르는 촘촘한 구조로 정비해 왔습니다.

우리 안양에는 안양형 무상교육이 있습니다.

친환경 무상급식, 중·고 신입생 교복·체육복 지원, 초등학교 졸업앨범 비용 지원, 초등 입학축하금 지원 등 '입학 → 학습 → 졸업'에 이르는 전 과정의 경제적 부담을 덜었습니다. 단순한 행정 지원이 아니라, 부모의 허리를 바로 세워드리는 일입니다.

또한 학교에서 생리대를 무상 지원받을 수 있도록 화장실에 무료 지급기 설치했고, 초등생 생존 수영·안전교육을 확대해서 스스로를 지킬 수 있게 되었습니다. 먼지 청소 및 공기청정기 임대료를 지원하고 급식실 친환경 식재료 확대 등 아이들이 "학교에 가면 존중 받는다"는 경험을 만드는 데 집중했습니다.

안양의 자랑스러운 제도 중 하나는 재능 장학생 육성입니다. 재능 장학생으로 너무나 훌륭하게 성장한 최기원 님의 이야기가 뒷부분에 나올 텐데요. 교육 관련해서 여기서 조금 더 이야기한다면 재능장학생 제도는 과학·수학·예체능 분야 영재를 길러내고 이들이 꿈을 더 펼칠 수 있도록 돕고 있습니다. 안양시는 학교 동아리 활동비 지원, 청소년 수련 활동 및 여가 프로그램 운영 등 학생의 재능을 조기에 발굴하고 성장의 기회를 제공해왔습니다. 생존 수영이나 1인 1학기, FC안양 축구 교실, 안양형 혁신교육은 공교육이 아니면 기회가 없는 학생들에게 절실한 일입니다. 보편적 교육은 우리 사회를 위기에서 구하고 단단한 기초를 만드는 바탕이 됩니다. 그야말로 터전을 닦는 일입니다. 국가의 모든 일은 사람에게서 나오기 때문입니다. 안양시는 기초지방정부입니다. 전 국가적으로 봤을 때 안양시는 작은 단위이지만 그만큼 가까운 뿌리입니다. 뿌리 내릴 땅은 아이의 능력을 '운'에 맡기는 것이 아니라, 도시가 함께 책임지는 곳입니다. 이 일련의 지원들은 아이에게는 존중 받는 학교 생활, 부모에게는 안심하고 교육시킬 수 있는 환경을 선물했습니다. 학교 정책을 넘어 교육의 의미 자체를 다시 세운 변화입니다.

●●● 재능 장학생이 보여주는 댄스를 따라해 봤습니다.

모두가 배우고 가르치는 평생학습

교육은 학교에서 끝나지 않습니다. 안양시는 아이뿐 아니라 시민 전체가 배우고 성장할 수 있는 '평생학습 도시'를 구축해 왔습니다.

안양시는 평생학습도시로서 안양시 평생학습원, 만안·동안 평생교육센터, 도서관 네트워크 등을 통해 연령·직업·학력에 상관없이 누구나 학습 기회를 누릴 수 있는 구조를 만들어왔습니다, 평생교육 이용권, 평생학습 동아리 활동비 지원, 시민참여 프로그램, 주민 제안 평생학습 기획사업 등 성장을 원하는 시민 누구에게나 열린 교실을 운영하고 있습니다. 동아리를 만들어 강사를 초빙하면 필요한 비용을 지급할 뿐 아니라 행정에서 이 절차를 도우면서 실질적으로 안양시민에게 필요한 평생학습이 무엇인지 골똘히 탐구합니다.

영어화상교육, 디지털 시민교육, 금융·경제교육, AI·메타버스 기반 학습 프로그램 등 시대의 변화를 반영한 학습 환경을 전국 지자체보다 이른 시기에 도입했습니다. 필요한 곳을 먼저 찾아 교육을 지원하고 있습니다. 특히 초중등 교육과정을 배우고 있는 어르신들이 키오스크 앞에서도 두렵지 않도록, 스마트폰을 잘 사용하도록 스스로 배울 힘을 기르고 있습니다. 초중고등학교에서 경제와 금융 교육을 지원하는데 건강한 경제금융습관을 익힐 뿐 아니라 횡행하는 금융 범죄의 피해를 입지 않고 자기 자신을 지킬 수 있도록 합니다.

아이의 학습에서 시민의 성장까지 이어지는 이 평생학습 체계

●●● 늦게 시작했지만 뜨거운 열정, 성인문해백일장은 평생학습의 현장입니다.

는 교육이 곧 도시의 품격이라는 철학으로 설계된 것입니다.

안양의 교육 복지는 두 갈래로 흐릅니다. 학교 안에서는 아이가 존중 받고, 교실 밖에서는 모든 시민이 배우고 성장할 수 있도록 말입니다. 학교와 학생을 위한 무상교육·학습환경 개선·재능지원은 아이들에게 당당한 학교 생활을 만들어 주었습니다. 평생학습과 성인 교육정책은 시민 모두에게 새로운 기회와 능력을 선물했습니다.

안양시는 교육을 '세대별 정책'으로 나누지 않습니다. 아이에서 청년, 중장년, 노년까지 이어지는 전 생애에 걸친 교육 복지 도시를 표방하며 누구나 배우고 가르칠 수 있는 상호돌봄과 배움의 도시로 한 걸음 더 나아가고 있습니다.

인간의 존엄을 지키는 도시에서,
아이의 권리를 세우는 도시로

안양시는 지난 수년간 다양한 복지정책을 펼쳐 왔습니다. 그 가운데 특히 저는 아이들이 태어나고 자라고 살아가는 도시 환경을 얼마나 잘 설계하느냐가 도시의 미래를 가늠하는 핵심이라고 믿습니다. 아이들이 안전하고 행복하게 성장할 수 있어야 부모도 안심하고 사회와 연결될 수 있고, 나아가 지역 사회 전체가 활력을 얻기 때문입니다. 한 아이를 키우려면 온 마을이 필요하다는 이야기는 이제 우리 사회의 합의가 된 철학입니다. 공동체가 함께 키우는 아이, 함께 아이를 키우는 도시공동체가 필요하다는 데에 더 이상 반론은 없습니다.

안양시는 2022년부터 "모든 아동이 행복한 도시 안양"이라는 비전을 품고, 국제적으로 인정받는 아동 권리 기준을 우리 시정 전반에 도입하려는 노력을 시작했습니다. 마침내 2025년 6월, 우리

●●● 아동친화도시 선포식.

는 UNICEF 한국위원회로부터 '아동친화도시' 인증을 획득했습니다. 우리 시가 아동을 보호의 대상이 아닌 권리의 주체이자 시민으로서 존중 받아야 할 존재로 받아들이겠다는 선언이자, 그 선언을 실행할 제도와 조직을 마련하겠다는 약속입니다. 도시가 어떤 인증을 받는 것은 사실 인사치레나 보여주기 식이라는 비판도 있습니다. 그러나 인증제를 위해 행정이 한꺼번에 몰입하다보면 그 과정에서 얻게 되는 것들이 있습니다. 모든 인증제는 생각보다 까다로워서 그간의 시의 행정을 전체적으로 점검하며 어떤 부분이 부족했는지 깨닫게 됩니다.

아동친화도시 인증 과정도 그랬습니다. 먼저 「안양시 아동친화

도시 조성에 관한 조례」를 근거로 아동친화도시 조성의 제도적 기초를 마련했습니다. 조례의 목적은 유엔아동권리협약(UNCRC) 및 아동복지법의 취지에 따라, 안양이 아이들이 꿈과 희망을 마음껏 펼칠 수 있는 도시가 되도록 하는 것입니다. 2023년 5월 일부개정을 통해 인증 획득 이후 지속가능하고 실질적인 실행력을 담보하도록 조례 체계를 강화하였습니다.

아동친화도시 인증은 지속적인 실행을 전제로 합니다. 안양시는 인증신청부터 2025년 4월 심의 및 보완 절차를 거쳐, 2025년 6월 5일자로 인증서를 받았습니다. 인증기간은 4년으로 설정되어 있습니다. 2025년 6월 5일부터 2029년 6월 5일까지입니다. 도시 차원의 중기적 실행 기반을 마련했다는 의미입니다. 여성친화도시도 처음 인증을 받은 다음에 지속적으로 노력해 왔습니다. 인증이 끝나기 전에 다시 인증 통과를 준비해서 달라진 상황에 맞춰 제도를 정비하고 친화 도시의 품격을 지켜나가는 것이죠. 아동친화도시 인증도 비슷한 절차로 가게 될 겁니다.

저는 이 사업이 '아이를 위한 시설 짓기' 이상의 의미를 갖는다고 생각합니다. 다음과 같은 절차와 거버넌스 구축이 병행되었습니다.

전담 조직을 신설해서 시 조직 내 아동과에서 '아동친화팀'을 신설하여 행정기구를 정비했고, 아동친화도시 추진을 위한 전담

●●● 어린이날을 맞아 열린 국제어린이마라톤에 함께 했습니다.

기능을 확보했습니다. 유관 기관 협약을 통해 2023년 8월 유니세프 한국위원회와 MOU 체결, 이어서 교육지원청·경찰서·어린이집 연합회 등과도 협력 체계를 구축했습니다. 2024년 3월부터 아동·학부모·관계자 약 1,700여 명을 대상으로 아동친화도 조사 표준 설문을 실시했고, 이후 아동 보고회 원탁토론 등을 통해 시민 의견을 정책 설계에 반영했습니다. 시는 '놀이·문화' '참여·존중' '안전·보호' 등 6개 영역을 중심으로 아동 권리의 4가지 요소인 생존·보호·발달·참여와 같은 네 가지 요소를 도입했습니다. 안양시는 제도적, 조직적, 실행적 기반을 동시에 마련하며 아동이 살아가는 도시환경을 전방위로 개선하기 위한 움직임을 시작한 것입니다.

아동친화도시라는 인증을 받으면 아무래도 아동친화도시로서의 자긍심을 유지하기 위해 노력하게 됩니다.

아이들은 단지 돌봄을 받는 존재가 아니라, 자기 삶에 대한 권리를 갖는 시민입니다. 안양시가 아동친화도시를 추진하면서 아동이 의견을 표현하고 정책에 참여할 수 있는 통로를 마련한 것은 그 자체로 의미가 있습니다. 유엔아동권리협약이 제시한 아동의 '생존권·보호권·발달권·참여권'을 시정 전반에 도입한 것은, 아동을 시정·보건·교육·문화 정책의 '수혜자'로만 보지 않고 '정책 주체'로 보는 시각의 전환입니다. 또한, 아동권리 옹호관을 위촉하고 아동 권리 보호 및 구제 기능을 별도로 설계한 것은 인권 보장의 틀을 단단히 한 제도적 혁신입니다.

아이를 위한 정책은 출산·양육 환경의 개선으로도 이어집니다. 아동이 안전하고 행복하게 자랄 수 있는 환경이 보장될 때 부모 세대의 부담이 경감되고, 결국 도시의 인구 구조 안정과 지속 가능한 성장 기반이 마련됩니다. 안심하고 키울 수 있어야 출생율이 높아지는 것은 당연한 일입다. 안양시가 아동친화도시 지정을 통해 보육·양육·교육·놀이·안전 등 전 생애주기 서비스를 통합적으로 바라보는 것은 구조적으로 아이 낳아 키우기 좋은 도시를 위한 준비입니다. 이는 도시 전체가 아이와 함께 성장하고, 아이 덕분에 도시가 미래를 준비하는 방향으로 나아간다는 의미를 담고 있습니다.

아동친화도시는 발달과 참여 중심입니다. 안양시는 초·중학교 대상 아동 권리 교육, 놀이 및 문화 참여 확대, 안전한 어린이 보호구역 구축 등 다양한 정책을 병행하고 있습니다. 아동에게 고품질 교육과 문화, 놀이의 기회를 제공하는 것은 미래 역량 강화이자 도시 경쟁력의 밑거름입니다. 안양시가 '아이들이 주인공이 되는 도시'를 지향하는 것은 단순한 명제에 그치지 않고, 정책실천으로 연결되는 선진적인 복지 모델 구축이라 할 수 있습니다.

아이들이 자신의 삶을 마음껏 설계할 수 있고, 도시가 그 여정을 든든히 받쳐 주는 환경을 만드는 것. 그것이 제가 꿈꾸는 안양의 모습입니다. 아이들과 함께 안양이 함께 자라는 것이 목표입니

●●● 인라인스케이트 경기장을 찾아 어린이들을 만났습니다.

다. 앞서 시민 인터뷰에서도 보듯이 우리 사회는 출생과 어린 시절 보육에는 어느 정도 틀을 갖추고 있습니다만, 아이들이 성장해 청소년이 되고 청년이 되는 단계까지 유기적으로 생애주기에 대한 대응이 연결되었다고 하기엔 미흡한 점이 많습니다. 복지 혜택은 많은데 산발적이고 분산되어 있습니다. 이런 정책들이 한데 묶여 중복지원으로 불거지는 예산 낭비를 줄이고 실행력 있는 정책으로 전환되어서 선언을 넘어서는 현장 변화로 연결되어야 합니다.

어디에서나 놀고 즐길 수 있는 어린이를 위한 놀이 공간, 문화 공간, 돌봄 공간도 더 필요합니다. 아동참여 예산제, 아동청소년위원회 확충 등을 통해 아동이 '시정의 작은 설계자'가 될 수 있도록 제도를 개선해야 합니다. 또, 디지털 전환 속에서 아동이 기술 격차로 소외되지 않도록 디지털 놀이실·메이커스페이스를 동네마다 마련하는 것도 중요합니다. 코로나팬데믹을 겪으며 우리 사회의 민낯이 드러난 지표로 잡히지 않는 격차였습니다. 뒷배가 없을 때 행정과 고향이 그 역할을 대신해 줘야 합니다.

안양은 안전에 있어서 외부에서도 인정받습니다만, 아직도 미흡한 곳이 많습니다. 어린이 보호구역 교통 안전 강화, 학대 예방 및 돌봄 공백 해소 등은 계속해서 살펴야 합니다. 특히 맞벌이 가정·한부모 가정·다문화 가정 등 취약 계층 아동에 대한 돌봄서비스를 제대로 강화하여 모든 아동이 동일한 출발선에서 성장할 수 있는 조건을 마련하고 돌봄 서비스의 질 관리, 누구도 소외 받지 않는 제도로 개선하려면 역시 현장의 목소리가 중요합니다.

아동친화도시는 한 번 인증으로 끝나는 것이 아니라 지속 가능한 구조여야 합니다. 예산, 조직, 거버넌스 모두가 장기적으로 작동하도록 설계되어야 합니다. 안양시는 아동 친화 거버넌스(아동권리옹호관·추진위원회·행정 조직)를 내재화하고, 아동 친화 지표를 매년 업데이트해 다음 기획으로 이어지게 하는 것이 중요하겠죠. 몇 년 전부터 장애인권분야 중심으로 지역사회 통합돌봄에 대한 연구가 일어나고 있습니다. 시민들의 위치와 형편에 따라 큰 차이가 나지 않게 통합돌봄이 서로 기댈 수 있는 힘이 되려면 지역 전체가 이 흐름에 동참해야 합니다. 그 중간 역할을 가장 잘할 수 있는 게 행정이겠지요. 학교, 가정, 지역 단체, 기업까지 아우르는 네트워크를 강화할 필요가 있습니다.

아동친화도시 인증은 함께 아이를 키우겠다고 선언한 것입니다. 아이들을 그저 미래에 만날 추상적 존재로 두지 말고 지금 현재 우리와 함께 살아가는 시민으로서 존중해야 합니다. 안양시는 아이와 함께 자라고, 아이들 덕분에 더욱 튼튼해지는 도시가 될 준비를 마쳤습니다.

●●● 아이들과 함께 자라는 도시 안양.

시민 인터뷰

최기원

기타리스트

안녕하세요. 기타리스트 최기원입니다.

지금은 여러 콩쿠르에서 상을 받고 해외 유학도 준비하고 있지만, 제가 여기까지 오는 동안 안양이라는 도시가 제 뒤에서 어떻게 버팀목이 되어 주었는지를 조금 이야기해 보고 싶습니다.

제가 처음 안양에 온 건 중학교 3학년 때였습니다. 이모와 외할머니가 안양에 살고 계셨고, 당시 저는 그분들과 더 가까이 있고 싶었습니다. 안양은 저에게 그저 편안한 곳입니다. 학교도 가까웠고, 언젠가부터 이곳이 제 집처럼 느껴졌습니다.

저는 기타를 전공으로 삼고 있었지만, 스무 살 전후의 몇 해는 제 인생에서 가장 힘든 시간이었습니다. 아버지가 오랫동안 투병하셨어요. 제가 하고 싶은 걸 하려면 스스로 책임져야 했습니다. 그때의 현실을 한마디로 말하면, "음악을 하려면 버텨야 했다"는 것입니다. 버티는 동안, 기타를 붙잡는 일이 때로는 죄책감처럼 느껴지기도 했습니다. '내가 지금 음악을 해도 되는 걸까?' 싶기도 했죠. 다행히 한국예술종합학교에 입학할 수 있었는데 현실의 벽은 언제나 거대했습니다. 우연히 길을 지나다가 재능 장학생 선발 제도를 알게 되었어요. 시청에 전화해서 물어보고 바로 지원신청을 하게 되었습니다.

안양시 인재육성재단의 장학금을 처음 받았을 때, 당장의 생활비에 보탤 수도 있었지만 이게 그런 돈이 아니라는 생각이 들었어요.

재능 장학금은 저에게 가장 중요한 악기를 사기 위한 종잣돈으로 삼았어요. 몇 번 장학금을 받으면서 그 돈을 다 모았습니다. 악기 연주자는 무엇보다 악기가 중요합니다. 국내에서 3,500만~4,000만 원 정도 하는 고급 기타였고 해외에서 제작해 받아야 했습니다. 그 돈을 마련하는 건 그때로서는 불가능해 보였지만, 장학금이 있으니 못할 것도 없겠더라고요. 제가 모은 돈과 재능 장학금 모아 둔 것을 보태서 일단 악기 제작자에게 직접 연락해 가격을 최대한 낮추고 계약을 걸었습니다. 만드는데도 시간이 꽤 걸리거든요. 그리고 악기가 완성되기까지 기다리는 동안 저는 운명을 걸고 대구 국제 기타 콩쿠르에 나갔습니다. 1등 했습니다. 부상을 현금으로 바꾸고 거기에 제가 갖고 있던 기타를 판매한 돈을 합쳐서 주문한 악기를 살 수 있었습니다. 장학제도가 없었으면 저는 지금의 그 악기를 살 수 없었습니다.

누군가 안양에 대해서 저에게 물으면 저는 그저 감사하고 감사할 뿐, 그 외 다른 생각은 없다고 대답합니다. 세상이 이렇게도 나를 도와준다는 게 정말 든든했어요. 너무 좋은 경험이니까요. 언젠가 또 어려운 일이 생겨도 누군가 나를 도와줄 수 있지 않겠는가 하는 막연한 낙관도 생기더라고요.

그 뒤로 저는 인재육성재단 직원들과도 자연스럽게 가까워졌습니다. 항상 격려해 주고, 공연이 있으면 와 주고, 대회 결과가 나오면 제일 먼저 기뻐해주는 사람들. 그런 어른들이 있다는 건, 청년에게는 정말 큰 힘이 됩니다.

저는 이후 몇 년 동안 국내 주요 콩쿠르에서 모두 수상했습니다. 어느 순간부터는“한국에서 더 도전할 곳이 없다”는 얘기를 들을 정도가 되었습니다. 한 번 1등을 했던 대회에 또 나가서 다른 사람의 기회를 뺏을 수는 없으니까요. 누군가는 실력이 있으니까 잘된 것이라고 말하지만 제가 정말 혼자였다면 여기까지는 못 왔습니다.

"안양의 장학은 단순한 지원이 아니라 사람의 마음을 잇는 통로이자 도시의 철학입니다. 안양인재육성재단이 시민과 함께 성장하고 모든 아이들이 마음껏 배우고 도전할 수 있도록 아낌없이 응원하고 지원하겠습니다". – 2025. 11.

악기를 살 수 있게 해 준 것, 학업을 포기하지 않도록 지탱해 준 것, 심리적으로도 흔들리지 않게 해준 것. 그 모든 순간에 안양이 제 뒤에서 조용히 저를 떠받치고 있었습니다.

저는 공연과 콩쿨 때문에 여러 도시를 다녀 봤는데, 안양을 생각하면 늘 따뜻한 느낌이 듭니다. 뒷배가 생긴 느낌입니다. 나에겐 든든한 안양시가 있다. 재능 장학생 제도는 딱 그런 역할을 했습니다.

안양이 제 뒤에서 "괜찮다, 네가 하고 싶은 걸 해라. 힘든 건 우리가 같이 버텨줄게" 라고 말해준 경험은 제가 살아가는 방식을 바꾸어 놓았습니다.

어려울 때 누군가 믿어 준 경험이라고 생각합니다. 제가 제 스스로를 믿게 만드는 시작점이 됩니다. 도시가 그 시작점을 만들어 줄 때 다른 청년들도 다시 도전할 힘을 얻지 않을까요?

지금 저는 해외 유학을 준비 중입니다. 세계적인 무대에서 제가 만들 수 있는 음악을 실험해 보려 합니다. 해외 콩쿨도 도전해야 하고요. 아무래도 기타는 유럽 쪽이 강세니 나가서 배워야 합니다.

떠날 준비를 하면서도 항상 마음속에는 안양이 있습니다. 제가 성장할 때 뒤에서 지켜봐 주고 필요한 순간 손을 잡아 준 곳이 바로 여기입니다.

안양시를 통해서 기타를 가르치는 봉사활동도 해봤는데 정말 재밌습니다. 제 재주가 쓸모 있을 때 기쁘잖아요. 제가 누린 것이 또다른 청년들에게 이어질 수 있도록 제 역할을 하고 싶습니다.

저를 선택해 주셔서 고맙습니다. 덕분에 잘 지내고 있습니다. 언젠가 저도 안양의 선택에 응답하는 사람이 되고 싶습니다. 유학을 가게 되면 정말 그리울 겁니다. 돌아올 날을 기다리며 열심히 해 보겠습니다.

—

자주 스스로에게 묻습니다.

도시는 무엇으로 완성되는가? 좋은 도시는 무엇을 해야 하는가?

도시는 결국 사람을 키우는 곳이어야 합니다. 특히 청소년과 청년이 도시 안에서 자신의 잠재력을 마음껏 펼칠 수 있을 때, 그 도시는 비로소 미래를 갖습니다. 이 믿음을 확인하게 해 준 사람들이 바로 안양의 재능장학생들입니다.

청년들에게 지급되는 장학금은 당신을 믿는다는 메시지입니다. 안양시가 당신의 버팀목이 되고 사다리가 되겠다는 뜻입니다. 한 사람의 가능성이 끊어지지 않도록 지탱해 준 지원이 한 사람의 인생에서 어떤 파장을 만드는지, 저는 이 이야기를 통해 다시 확인했습니다.

청년이 성장하는 데 필요한 것은 거창한 제도가 아닐 때가 많습니다. 단절되지 않도록 연결해 주는 지원, 포기하지 않도록 버텨 주는 경험, 본인을 믿어 주는 공동체의 존재가 훨씬 중요할 때가 많습니다. 그리고 그 일을 수행하는 것은 공직자들입니다. 진심으로 반갑게 맞이하고 축하해 주는 것이 '내기 이는 사람', 나의 든든한 후원자가 있다는 사람의 온기죠.

도시는 청년에게 정보만 제공할 게 아니라 청년의 가능성을 함께 지탱해 주는 심리적·사회적 기반이 되어야 합니다. 행정이 한 사람에게 줄 수 있는 최고의 선물은 스스로를 자랑스럽게 생각하게 만드는 경험이라는 것을 최기원 님의 말을 통해 다시 깨닫습니다.

지금의 청년들은 변화하는 시대상을 고스란히 두 눈으로 지켜보고 있습니다. 기술이 빠르게 발전하더라도, 그 속도에 도시가 사람을 잃지 않아야 한다는 이야기로 들었습니다. AI가 만들어 낼 일의 변화 속에서 청년이 불안하지 않게, 새로운 가능성을 발견할 수 있는 도시의 감수성이 필요하다는 것, 누구나 성장할 수 있는 지역이 되어야 하겠습니다.

청년이 도시를 신뢰할 때, 도시도 비로소 미래를 얻는다

안양시는 최근 몇 년간 청소년·청년 정책에 큰 변화를 주어 왔습니다. 그의 경험과 연결해 보면, 이 제도들은 도시가 청년에게 건네는 '구조적 응원'에 가깝습니다. 도시의 미래를 설계할 때 건물과 도로, 산업단지를 먼저 떠올립니다. 그러나 도시의 진짜 미래는 그런 것들에서 만들어지지 않습니다. 도시의 미래는 결국 지금 이 순간을 살아가는 청년들에게서 시작됩니다.

청년이 방향을 잃지 않는 도시, 청년이 실패해도 다시 일어날 수 있는 도시, 청년의 가능성이 제도와 관계망 속에서 끊어지지 않는 도시가 되어야 합니다.

그런 도시만이 앞으로의 불확실한 시대를 견딜 수 있습니다. 안양이 지난 몇 년 동안 청년정책을 확장해 온 이유도 바로 여기에 있습니다.

청년은 내일의 자산이 아니라, 도시의 오늘입니다. 청년은 흔히 미래의 주인공이라고 말합니다. 청년은 미래에 있는 추상적 존재가 아니죠. 오늘의 도시를 함께 구성하고 있는 주체입니다. 지금 숨쉬고, 지금 일하고, 지금 불안을 견디며, 지금 도전하는 존재입니다. 따라서 청년정책은 미래를 위한 장기 투자라기보다 현재를 살아가는 구성원을 위한 즉각적 개입이어야 합니다. 이 철학이 있어야 정책의 방향이 흔들리지 않습니다. 지금 해야 된다는 말입니다.

●●● 두루미 명학마을 청년행복주택 준공식 참석.

청년의 가능성은 능력으로 결정되지 않습니다. 기성세대들은 잘 알 것입니다. 청년의 가능성 대부분은 환경, 자원, 관계망, 정서적 안정감에 의해 유지되거나 사라집니다. 도시가 청년정책을 고민해야 하는 이유는 이 지점에 있습니다.

기회의 문턱을 넘기 전에 좌절하지 않도록, 잠재력이 단절되지 않도록, 스스로를 신뢰할 수 있는 시간을 벌어주도록 정책은 청년의 가능성을 '켜 주는' 것이 아니라 꺼지지 않도록 지켜 주는 장치여야 합니다. 청년 지원은 가능성을 보존하는 일입니다.

안양의 청년정책은 몇 가지 큰 축을 중심으로 설계되어 왔습니다. 겉으로 보면 여러 사업처럼 보이지만, 그 아래에는 명확한 관계 중심의 철학이 자리잡고 있습니다.

청년 취업 지원은 당신을 처음 사회로 보내는 일을 도시가 함께한다는 메시지입니다. 면접 정장 무료 대여는 작은 사업처럼 보이지만 청년이 사회에 첫 발을 내딛는 순간, 여기 우리가 함께 서 있다는 감각을 줍니다.

청년창업소와 청년공간은 몇 평 남짓한 공간 이상의 의미를 갖습니다. 혼자 시작하지 않아도 되는 곳, 아이디어를 말할 수 있는 곳, 함께 살아가는 도시의 다른 청년들과 연결될 수 있는 공간입니다.

청년 예술가 지원 또한 마찬가지입니다. 무대를 제공하는 일은 단순한 행사 지원이 아니라 우리가 당신의 목소리를 듣고 있다는 신호를 보내는 것입니다.

청소년수련관, 청소년문화의집의 확대는 아이들이 집과 학교 사이를 오가는 동안 자기 자신을 발견할 수 있는 공간을 제공하기 위한 것입니다.

지역아동센터와 돌봄 체계의 강화는 어린 시절의 빈틈을 방치하지 않겠다는 선언입니다. 누군가는 그 공간에서 처음 악기를 잡고, 처음 코딩을 배우고, 처음으로 자기 이야기를 진지하게 들어주는 어른을 만납니다. 이것이 청소년 정책의 본질입니다. 당신이 성장하는 동안 도시의 품 안에서 안전하다는 신뢰의 구조를 말합니다.

도시는 모든 재능을 동일한 조건에서 보호할 의무가 있습니다. 물론 그렇게 다 평등해질 수는 없겠지요. 그렇지만 가정의 상황이 어렵다고 해서 재능까지 사라져서는 안 됩니다. 인재육성재단 장학사업과 재능 장학생 제도는 바로 그 역할을 수행해 왔습니다.

특히 예체능·기술·특기 분야를 포함한 광범위한 지원은 성적이 아니라 잠재력과 지속성을 중시하는 구조입니다. 성적 중심으

●●● 안양 청년을 위한 청년공간 안양청년1번가 개소식.

로 학생들을 줄 세우고, 수능시험 한 번으로 청춘을 판단하는 것은 너무 잔인하지 않습니까. 고교·대학 진학 장학금은 배움의 시간 자체가 계속될 수 있게 지탱하는 기둥입니다.

안양시 인재육성재단의 장학사업이 꾸준히 확장될 수 있었던 것은, 무엇보다도 시민 여러분의 신뢰와 지지가 있었기 때문입니다. 한 아이의 재능을 자라게 하는 힘은 행정의 의지나 예산만으로는 결코 완성되지 않습니다. 학부모들의 공감, 지역사회의 응원, 그리고 그 안에서 묵묵히 제도를 운영해 온 직원들의 헌신이 함께 모여야만 가능한 일입니다.

안양시의 인재육성재단이 해마다 새로운 장학생을 배출할 수 있었던 이유는 시민들이 "아이들의 가능성을 믿어 주는 마음"을 함께 나누어 주었기 때문입니다.

특히 예체능·기술·특기 분야까지 열어 둔 장학생 제도는 성적이 아닌 잠재력과 지속성을 바라보는 구조입니다. 사회는 종종 '시험 점수'라는 단일한 잣대로 청춘을 구분하지만, 안양은 그렇게 하지 않기로 선택했습니다. 가정 형편 때문에 재능이 꺾여서는 안 된다는 시민적 합의가 있었고, 그 공감대가 제도를 더욱 단단하게 만들었습니다. 재단을 운영하는 직원들 역시 아이들의 발표와 연주, 실기 심사를 준비하며 밤늦도록 무대를 세우고 자료를 검토하는 수고를 마다하지 않았습니다. 그 과정 속에서 우리는 아이들이 얼마나 진지하게 자신의 재능을 품고 살아가는지 확인할 수 있었습니다.

장학금은 단순히 등록금이나 훈련비를 보태는 재정적 지원에 머물지 않습니다. 아이들이 자신의 속도로 배움을 이어갈 수 있도록 붙잡아 주는 작은 다리가 되고, 재능을 지속하고 싶은 마음을 잃지 않게 지켜 주는 보이지 않는 손이 됩니다. 실제로 여러 분야의 장학생들이 국내외 무대에서 성과를 이루어 냈고, 이는 누구 한 사람의 공이 아닙니다. 부모님의 뒷바라지, 선생님의 격려, 청년 스스로의 노력, 그리고 무엇보다 시민들께서 보내 주신 응원의 결실이 어우러져 나타난 결과입니다.

올해도 안양시 재능장학생들이 장학증서를 받았습니다.

성적만으로 경쟁시키지 않고, 어떤 재능이든 공정한 출발선을 보장하며, 배움의 시간이 끊기지 않도록 꿈을 함께 지켜주는 도시가 하나쯤은 있어야 하지 않을까요. 우리의 장학제도가 그 품 안에서 지속적으로 성장하고, 더 많은 청년들이 자신의 길을 잃지 않고 걸어갈 수 있기를 소망합니다. 시민 여러분과 함께라면, 안양은 그 길을 충분히 걸어갈 수 있습니다.

청년 주거비 지원은 생존 걱정 때문에 도전을 포기하는 상황을 막겠다는 약속입니다. 청년 마음 건강 지원은 지금 시대의 청년이 겪는 불안과 고립을 안양시가 더 이상 개인의 문제로 보지 않겠나는 선언입니다.

청년센터와 정책 참여 플랫폼은 청년을 수혜자가 아니라 정책의 공동 설계자로 대우하기 위한 변화입니다. 정책이 완성이 아니라 대화의 시작이 된 순간, 청년정책은 비로소 살아 움직입니다.

이 모든 정책적 구조가 어떤 의미를 가지는지는 기타리스트 최기원 씨의 이야기를 통해 선명해집니다. 경제적으로 어려웠던 청년 시절, 장학금 한 번이 그의 재능을 유지시켜 줬습니다. 아버의 병환, 생활고, 예술 활동의 불확실성이 모든 것을 불안하게 만들었을 겁니다. 우리가 기원 씨의 손을 잡을 수 있어서 정말 다행입니다.

장학금은 돈보다… 누군가 저를 믿어 준다는 느낌이 더 컸다는 말을 기억합니다. 우리가 믿은 장래는 실제 성취로 이어졌습니다. 악기를 장만하고, 국내 최고 콩쿠르를 석권하고, 이제는 해외 유학을 준비하는 음악가로 성장했습니다.

그의 가능성이 꺼지지 않도록 도시가 뒤에서 꾸준히 지탱해 줄 수 있었으니, 안양시로서도 상당한 행운입니다. 정책이 사람에게 닿으면 삶이 바뀐다는 것을 경험으로 깨우쳤습니다.

한 명의 청년을 키워 낸 도시와 재능을 스스로 포기하도록 방치한 도시는 10년 뒤 완전히 다른 미래를 가질 것입니다.

청년을 지원하는 사업들은 계획서 속에 적힌 항목이 아니라, 도시가 스스로 자기 자신을 세우는 철학입니다. 청년이 실패해도 괜찮다고 말할 수 있어야 하며, 청년의 가능성이 단절되지 않도록 버텨 주고, 청년의 삶을 공적 관계망이 지탱해 주면서 혼자가 아니라 함께 살고 있는 감각을 느끼게 해 주는 도시가 되어야 합니다.

믿을 만한 곳이 되어야 합니다. 늘 강조하지만 행정은 정말 힘이 셉니다. 행정이 믿어 주는 것은 이 지역이 믿음직한 친구가 되는 것입니다. 신뢰할 만한 도시가 되는 것입니다. 다시 돌아갈 곳이 되어야 합니다. 청년은 도시를 떠나지 않고, 도시에 기여하고, 도시의 미래가 됩니다.

앞으로 안양은 더 많은 청년의 가능성이 끊어지지 않도록, 더 많은 청년이 도시의 뒷배를 느낄 수 있도록, 더 많은 청년이 스스로를 자랑스러워할 수 있도록, 나는 나를 믿어 주는 안양에서 자랐다고 말할 수 있도록 정책으로 관계망을 촘촘히 이어나가야겠습니다. 그것이 도시가 청년에게 줄 수 있는 최선이며, 도시가 스스로의 미래를 지키는 가장 현명한 방법입니다.

4장

시민이 만든 문화가 도시를 살립니다

"때로 무용한 것들, 화폐로 교환되지 못하는 것들만이 사람을 살릴 수 있습니다. 헤아릴 수 없는 것들이 삶을 지킵니다."

도시의 문화는 시민의 발걸음과 목소리로 만들어집니다.

FL안양에서 춤축제, 영화와 공공예술, 안양수목원과 안양천에

이르기까지, 안양의 문화는 시민이 함께 뛰고 걷고

즐기며 쌓아 올린 삶의 기록입니다.

행정은 이 에너지가 흩어지지 않도록 받쳐 주는 무대이자

뒤에서 밀어주는 손이어야 합니다.

시민이 문화를 만들 때, 도시는 비로소 자기 얼굴을 갖게 됩니다.

진재환

FC안양서포터즈 A.S.U.RED 회장

안녕하세요. FC안양서포터즈 진재환입니다. 안양FC이 아니고 FC안양입니다. 순서가 중요하냐고요? 매우 중요합니다 저보고 누가 전재환이라고 그러면 기분 좋을 리가 없잖아요. 마찬가지입니다.

저는 안양 토박이입니다. 결혼도 안양에서 했고, 두 아이를 키우고 있습니다. 한동안 광명에서 거주한 적이 있었지만 결국 다시 안양으로 돌아왔습니다. 돌아온 이유는 단순해요. 안양이 살기 좋았고, 특히 아이 교육과 생활환경이 안정적이라는 점이 컸습니다. 학원가도 잘 형성돼 있고, 공원이 많아서 아이들과 함께 걷거나 뛰어놀기가 좋습니다. 밤늦게 나가도 예전처럼 위험하다는 느낌이 없고요. 그래서 "아이들 키우기 좋은 도시가 어디냐"고 묻는다면 저는 주저 없이 안양이라고 말합니다.

안양 사람들의 애향심은 실제로 강한 편입니다. 저는 그걸 늘 실감하며 자라 왔습니다. 특히 안양서포터즈들은 안양에서 태어나 자란 자긍심이 큰 사람들이 많아요. 제 또래만 해도 절반 이상은 여전히 안양에 살고 있거나, 떠났다가도 다시 돌아옵니다. 도시가 사람을 붙잡는 힘이 있다는 거죠.

제가 처음 FC안양을 만나게 된 건 1997년 여름이었습니다. 당시 저는 중학생이었고, 안양운동장 근처를 어슬렁거리며 시간을 보내던 때였습니다. 그때 운동장 직원이 다가와 "축구 볼래요?" 하고 공짜 티켓을 건넸습니다. 깊은 생각 없이 따라 들어갔던 그날 첫 직관이 제 인생을 바꿨습니다.

경기를 보면서 느꼈던 낯선 흥분, 관중석의 소리, 공 하나에 도시가 흔들리는 듯한 느낌. 그게 너무 강렬했습니다. 그 다음해인 1998년에는 제 돈으로 직접 시즌권을 끊었습니다. PC통신 '유니텔 레드' 같은 축구 게시판에서 서포터즈들과 자연스럽게 친해졌어요. 그 다음부터는 운동장에는 혼자 가도 늘 아는 얼굴들이 있었습니다. 다 형들이죠. 삼촌뻘도 있고요. 학교 친구들과는 별개로, "안양"이라는 한 단어로 연결된 또 다른 공동체가 생긴 겁니다. 나와 다른 사람들이데 나와 같은 걸 좋아한다는 공통점으로 나이와 상관없이 어울릴 수 있다는 게 신기했어요. 저에겐 가족 외에 믿을 만한 어른이 생긴 거지요.

그때 저희가 응원했던 안양 구단은 LG치타스였습니다. 잘 아시다시피, LG치타스가 안양을 떠나 서울로 가겠다고 했을 때, 서포터즈들의 실망은 말로 다 표현할 수 없는 것이었습니다. 우리는 그저 한 팀이 이기길 바라서 그때만 응원하는 서포터즈가 아니라는 걸 깨달은 것도 그때였어요. 그동안 쌓아온 관계, 젊은 날의 기억, 제 10대의 절반이 무너지는 느낌이었습니다. 축구팀이라는 게 사라질 수도 있다는 걸 그때 처음 알았습니다. 그 아픔은 지금도 생생합니다. 그래서 시민구단을 다시 만들자는 흐름이 생겼을 때, 저는 당연히 참여했습니다. “이번엔 절대 뺏기지 않는다”는 마음이 모두에게 있었고, 그 마음이 모였을 때 실제로 ‘되겠다’는 확신이 들었습니다.

시장님은 FC안양 경기가 있을 때 자주 뵙죠. 경기장에 자주 오시니까요. 시장님과 얘기를 나누다 보면, 구단주라기보다 이 분은 그냥 찐팬이구나 싶습니다. 그런 열정은 억지로 만들 수 있는 것도 아니고, 가식적으로 포장할 수 있는 것도 아니라는 걸, 만나 본 사람들은 알아요. 다 동의할 겁니다. 저는 그게 오히려 걱정될 때도 있지만, 팬 입장에서는 그만큼 든든한 존재는 없다고 생각합니다.

저는 FC안양이 안양시를 전국적·아시아적으로 알릴 수 있는 최고의 홍보 수단이라고 생각합니다. 승격하고 나서 '안양'이라는 지명이 뉴스·SNS에서 등장하는 횟수는 엄청나게 증가했습니다. 사실 도시 홍보 예산을 아무리 쓰더라도 축구단만큼 빠르고 강력한 효과를 내기는 어렵습니다. 시민구단이 가진 이 강력한 파급력을 행정이 충분히 활용해야 한다고 저는 생각합니다.

"시민들의 절대적인 지지와 사랑이 FC안양의 존재 이유입니다. 승격 확정 날 FC안양 창단 과정이 떠오르면서 나도 모르게 눈물이 났습니다." - 2025. 3.

안양 서포터즈의 특징이라면, 축구만 보는 게 아니라 시정도 본다는 점입니다. 어느 팬들이 의회 생방송을 보나요? 하지만 우리는 봅니다. 어떤 의원이 어떤 발언을 했는지, 예산이 어디서 삭감됐는지, 팀 명칭을 제대로 알고 있는지까지 확인합니다. 시정 감시에 시민들이 이렇게 적극적으로 참여하는 건 FC안양이 시민구단이기 때문입니다.

"우리는 선수단을 사랑하지, 구단 프론트를 무조건적으로 사랑하는 것이 아니다"라는 말이 서포터즈들 사이에서 자주 나옵니다. 구단 운영에서 잘못된 부분이 있으면 질타해야 하고, 바른 방향으로 가도록 감시해야 한다고 모두가 생각합니다. 저는 이런 참여와 감시가 도시 민주주의의 완성에 가까운 모습이라고 생각합니다. 축구가 다른 곳에서는 보기 힘든 시민성을 만들어낸 셈입니다.

지금 가장 절실한 건 전용 구장입니다. 최근 몇 년 동안 팬층이 급격히 늘면서 현재 경기장은 이미 포화 상태입니다. 가변석을 늘려도 한계가 있고, 일부 구역은 가족 단위로 앉기에도 불편합니다. 저는 전용 구장이 단순히 축구단을 위한 시설이 아니라고 생각합니다. 이건 안양시가 앞으로 10년, 20년 후 어떤 방향으로 성장할 것인지와 직결된 문제입니다.

안양은 특산물이 있는 도시도 아니고, 관광특구도 아니고, 외부 유입이 자연스럽게 생기는 구조도 아닙니다. 그런데 축구는 전혀 다른 흐름을 만듭니다. 도시 브랜드가 생기고, 사람들의 관심이 생기고, 미디어 노출이 생기고, 지역 경제에 영향을 줍니다. 전용 구장은 이런 흐름을 하나의 기반 시설로 묶어 줄 수 있는 장치라고 저는 생각합니다.

서포터즈들 사이에서는 이미 내부적으로 해외 사례, 경제성 분석 자료, 운영 모델 등을 연구하는 팀들이 있습니다. 단순히 "지어달라"는 요구가 아니라, "지을 수 있다", "지어야 한다", "지으면 이런 효과가 생긴다"는 근거가 준비되고 있습니다. 팬들끼리 모여 구장 위치에 대한 의견도 활발히 나누고 있고요.

아이들을 데리고 경기장에 가는 풍경은 예전과 많이 달라졌습니다. 시민구단으로 창단한 초기만 해도 아기 데리고 다니는 사람이 거의 없었어요. 서포터즈 내에서도 아이는 제 아이뿐이었습니다. 그런데 요즘에는 가족 단위 팬이 엄청나게 늘었습니다. 에스코트 키즈 프로그램이나 아카데미 참가를 계기로 축구장에 왔다가 그대로 팬이 되는 경우도 많습니다. 어떤 아이는 부모님을 끌고 오고, 어떤 부모는 아이 때문에 경기를 보기 시작했다가 본인이 더 빠지게 되기도 합니다.

이 변화는 그냥 '팬 증가'가 아니라, 도시가 건강해지고 있다는 증거라고 저는 생각합니다. 가족 단위 여가 활동이 가능하고, 주말에 갈 만한 곳이 있고, 아이들이 안전하게 다닐 수 있다는 의미니까요.

저는 앞으로도 안양에서 살 것 같습니다. 이 도시가 제 인생 전체를 이루고 있으니까요. FC안양 역시 마찬가지입니다. 제 10대와 20대, 지금의 30·40대까지 이 팀과 함께 지나왔습니다. 만약 또다시 팀이 사라지는 일이 생긴다면요? 그땐 싸워야죠. 이번에는 절대 뺏기지 않을 겁니다. 그때와 우리는 다르고, 지키는 방법도 알고, 마음도 훨씬 단단해졌습니다.

나바루

영화감독·〈수카바티:극락축구단〉 공동 감독

저는 안양에서 자랐습니다. 부모님이 안양으로 오신 건 제가 세 살 쯤이었어요. 먹고살기 위해 오신 거죠. 아버지는 산본 공사판에서 일을 하셨고, 그래서 자연스럽게 저희 가족도 안양으로 정착하게 됐습니다. 제 유년기의 거의 모든 풍경은 안양에서 만들어졌습니다. 비산동 부근에서 유년기를 보내면서 운동장과 친해졌죠. 중학교 2학년 때 박달동으로 이사하면서 잠시 운동장과는 거리가 생겼지만, 그럼에도 안양이라는 도시는 늘 제 삶의 중심이었습니다.

성인이 되어서는 영화 일을 하면서 서울로 활동 영역이 넓어졌고, 한동안은 안양이 그냥 '잠만 자는 곳'처럼 느껴지기도 했습니다. 특별히 도시 정체성을 느끼지 못했고, 제 작업과도 큰 관련이 없다고 생각했죠. 그러다 2018년 무렵 부모님이 경기도 광주로 이

사하시면서 저도 잠시 그곳에 살게 됐습니다. 근데 안양을 떠나고 나니까 안양이 궁금해지더라고요. 안양에서 어린 시절을 몽땅 보냈는데 제가 안양에 대해서 아는 게 너무 없는 거예요. 어린 시절을 한 도시에서 보냈다는 건, 거기서 제 인생의 기초가 만들어졌다는 얘기잖아요. 친구들도 모두 거기 있고, 나중까지도 제 인생을 지배할 뭔가가 거기서 출발했을 건데 말이죠. 그래서 안양을 기록해 볼까? 하고 다시 안양을 드나들었습니다. 차도 없던 시절이라 촬영 때문에 광주와 안양을 오가는 게 너무 벅차서 운동장 바로 근처에 방을 얻어 살기 시작했는데, 이상하게도 그 순간부터 제 유년기가 서서히 되살아났습니다. 운동장 주변을 걷는 일만으로도 묘한 감정이 올라오더라고요. 다시 돌아온 도시가 저를 맞아 주는 느낌이었습니다.

제가 원래 축구를 그렇게 좋아하던 사람은 아니었습니다. 그런데 이상하게 안양 LG 치타스 시절 몇 장면이 뇌리에 남아 있었어요. TV를 보다가 스쳐 지나갔던 경기였는데, 왠지 모르게 오래 기억이 났습니다. 그러다 FC안양 이야기를 담은 영화를 만들어 보고 싶다는 생각이 들었고, 서포터즈를 만나야겠다는 판단이 섰습니다.

"FC안양의 12번은 시민을 위한 번호라 영구 결번으로 남겼습니다."

– 2025. 3.

그런데 안양 서포터즈는 원래 외부인에 대한 경계심이 좀 있습니다. 과거에도 많은 대학생들이 과제나 수료작을 찍겠다고 왔다가 금방 사라지는 일이 많았거든요. 그래서 "끝까지 함께한 팀은 단 한 번도 없었다"라는 말을 들었습니다.

저는 처음부터 카메라를 들고 나가지 않았습니다. 독립 다큐멘터리는 결국 시간을 들여 관계를 쌓아야 한다는 걸 알고 있었기 때문입니다. 실제로도 몇 년간 꾸준히 드나들며 사람들과 어울렸습니다. 그 과정에서 '라포'가 붙은 이유는 간단했습니다. 제가 안양 출신이었기 때문입니다. 안양은 좁아서 두 다리만 건너면 다 연결되잖아요. 아는 동생을 통해 연결연결해서 FC안양 서포터즈와 자연스럽게 연결됐습니다. 결국 영화의 주요 장면들을 촬영할 수 있었던 것도, 이 도시가 만들어 준 관계망 덕분이었습니다.

'수카바티 안양'을 만드는 과정은 안양이라는 도시를 다시 이해하게 만든 과정이었습니다. 촬영을 이어가면서, 그리고 서포터즈의 삶을 가까이서 보면서, 저는 이 도시의 정체성과 감정 구조를 처음으로 진지하게 느꼈습니다.

특히 창단 결정이 내려졌던 순간의 영상은 지금도 다시 보면 울컥합니다. 제가 만든 영화지만, 어떤 장면은 제가 봐도 눈물이 납니다. 관객들의 반응도 인상적이었습니다. 다른 지역 관객들은 편안하게 웃고 응원하며 영화를 봤지만, 안양 시민들은 정말 '심각하게' 영화를 봤습니다. 선호빈 감독도 그 얘기를 했어요. "여기는 자기 계급성으로 본다"고요. 축구 이야기가 아니라 자기 인생, 자기 도시, 자기 정체성의 문제로 보는 겁니다.

그만큼 이 영화는 안양 사람들에게 중요한 이야기였고, 저 역시 이 작업을 통해 제 정체성이 생겨났습니다. 예전엔 안양이라는 단어를 들으면 별 감흥이 없었는데, 지금은 이 도시가 제게 큰 의미로 다가옵니다. 안양이 저를 만든 도시였고, 저는 영화를 통해 그걸 다시 확인했습니다.

제가 안양에 대해 아쉬운 점을 묻는다면, 가장 먼저 "영화 도시로서의 가능성이 방치되고 있다"는 걸 말할 것 같습니다. 아무래도 제 직업이 그렇다보니까요. 안양은 사실 한국 영화사에서 중요한 위치를 가진 도시입니다. 안양여성인권영화제가 있지만 규모가 작고, 영상미디어센터도 없습니다. 시민들이 영상 교육을 받거나 창작을 시도해볼 수 있는 기본적인 공간조차 없는 셈이죠.

부천은 판타스틱영화제, 애니메이션센터, 영상미디어센터까지 하나의 생태계를 갖고 있습니다. 성남·수원에도 영상미디어센터가 있는데, 안양은 없습니다. 안양이 갖고 있던 역사적 자산을 활용하는 데 관심 자체가 부족하다는 걸 느꼈습니다.

저뿐 아니라 안양에는 이미 여러 훌륭한 영화 창작자들이 살고 있습니다. 저와 친한 감독님도 여러 영화제에서 수상한 분인데, 안양 살거든요. 여기 배우들도 은근히 많아요. 그런데 시가 이들을 잘 연결하거나 활용하지 못하고 있어 좀 아쉽습니다. 문화 도시는 결국 시민의 창작 역량을 기반으로 만들어지는 건데, 안양은 그 기반이 분명히 있는데도 활성화가 안 되고 있는 거죠.

제가 보통 정치인들에게 가졌던 인식이 사실 최대호 안양시장님을 보고 많이 깨졌어요. 보통 정치인은 시사회 때 잠깐 와서 사진 한 장 찍고 가거든요. 최 시장님은 다르시더라고요. 개봉 전에 여러 과정을 챙기셨고, 시사회 과정도 신경써 주셨어요. 덕분에 안양 시민들이 자신의 도시 이야기를 담은 영화를 실제로 관람할 수 있었고, 안양애서 상영이 이루어졌습니다. 그때 최대호 시장님은 도시의 이야기가 시민에게 전달돼야 한다고 공감하는 분이란 걸 알았죠. 그런 건 감각입니다. 훈련으로 잘 안 되죠.

"문화예술은 시민의 삶을 풍요롭게 만드는 가장 가까운 길입니다. 시민이 참여하고 함께 만들어 가는 예술이 안양의 정체성을 더욱 깊고 넓게 확장시키고 있습니다."

– 2025. 11.

안양은 제 유년기와 청소년기, 제 가족의 기억, 제 작업의 출발점이 모두 연결된 곳입니다. FC안양을 통해 시민들과 연결되었고, 그 관계를 통해 도시를 다시 바라보게 됐습니다. 안양이라는 단어가 예전보다 훨씬 넓고 깊은 의미로 다가옵니다. 도시가 사람을 만들고, 사람도 도시의 다음 장을 만든다는 걸 저는 이 과정에서 배웠습니다. 저는 앞으로도 이 도시에서 작업을 이어갈 것 같습니다. 영화든 문화든, 제가 받은 사랑을 돌려드릴 수 있는 방식으로요.

진재환 님과 나바루 감독님의 이야기를 들으며 저는 다시 한 번 확신했습니다.

한 도시의 문화는 행정이 설계하는 것이 아니라, 시민이 자기 삶을 걸고 만들어 내는 상향식 문화민주주의에서 출발한다는 것입니다. 두 분의 삶과 경험은 그 사실을 온몸으로 증명하고 있습니다.

진재환 님은 10대부터 축구장을 중심으로 형성된 공동체를 지키기 위해 싸워 온 시민이고, 나바루 감독님은 안양을 기록하기 위해 이 도시로 다시 돌아온 창작자입니다. 두 시민이 남긴 말은 결국 한 지점으로 향하고 있습니다.

시민이 만드는 문화가 도시를 빛낸다

안양의 문화는 시민이 만들고, 도시의 브랜드는 시민의 참여에서 나옵니다.

FC안양은 '시민민주주의가 문화로 꽃핀 장면'그 자체입니다. 시민구단 FC안양은 시민이 직접 주인이 되어 도시 정체성을 만들어낸 한국 도시 문화의 가장 선명한 사례입니다.

과거 연고 이전이라는 상처를 겪은 뒤, 안양 시민들은 스스로의 힘으로 구단을 되찾아 왔습니다. 정치권력이 주도한 것도 아니었고, 거대한 자본이 만든 것도 아니었습니다. 바로 시민의 조직력, 책임감, 참여, 그리고 민주적 운영의 힘이었습니다. 저는 그 옆에서 조금 힘을 보탰을 뿐입니다. 저는 시민들의 염원이 이렇게 강렬하다면 기초지방정부의 장으로서 꼭 해야할 책무라고 여겼습니다.

이 과정이 바로 '도시 브랜드의 상향식 형성'입니다. 어떤 도시든 강력한 브랜드는 행정이 주입한다고 만들어지지 않습니다. 시민이 스스로 도시의 얼굴을 만들고, 그 정신을 지켜낼 때 비로소 정체성이 구축됩니다. 안양은 그 현실적 사례를 가지고 있습니다. 바로 FC안양입니다. 특히나 스포츠는 구단, 선수와 서포터즈, 지역이 함께 성장하는 이야기입니다. 박문성 축구 해설가는 스포츠가 지역의 자부심과 정체성을 만들어내고 시민들의 강력한 연대를 이끌어내는 중요한 문화라고 짚어냅니다. 스포츠팀에 새겨진 서사는 사

●●● 2023년 FC안양 2부리그 우승, 1부 리그 승격이후 올해도 1부 리그에 남았습니다.

람들의 마음을 움직이는 에너지가 되죠.

시민이 시정과 의정에 관심을 갖고, 잘못된 정보가 나오면 바로 잡고, 행정과 구단이 더 나은 방향으로 나갈 수 있도록 적극 참여하며 도시 문화를 이끌어갑니다. 한국 도시들 중에서도 드문 정치적·문화적 성숙의 단계입니다. 저는 이것을 시민민주주의가 문화로 꽃핀 장면이라 말하고 싶습니다.

FC안양은 단순한 구단이 아니라 안양이라는 도시의 민주주의, 공동체성, 시민정체성, 도시 브랜드를 상징하는 프로젝트입니다. 도시 브랜드는 바로 이런 '상향식 시민민주주의'에서 완성됩니다. 도시 브랜드는 로고, 슬로건, 건물로 만들어지는 것이 아닙니다. 가장 강력한 브랜드는 시민이 스스로 만들어 내는 것입니다.

도시의 다른 문화도 마찬가지입니다.

시민이 주체가 될 때 지속 가능하고, 시민이 참여할 때 도시의 정체성이 세워지고, 시민이 서로 연결될 때 문화는 산업을 넘어서 '삶의 방식'으로 확장됩니다. 문화는 사람들이 살아온 흔적을 기록하고 다음 세대에 남기는 역할을 합니다. 이렇게 시민들의 마음이 모여 만들어 낸 문화는 그 어떤 외부로부터 식재된 문화보다 강력한 중심의 힘을 갖고 있습니다. 함부로 흔들 수 없는 것이 되지요.

●●● FC안양은 안양의 브랜드입니다.

FC안양의 시사점은 여기에 있습니다.

도시마다 갖춰진 인프라는 다릅니다. 도시의 물리적 구성 요건에 따라서 모여드는 사람들의 취향이 다르게 작동합니다. 사람은 두 명 이상이 모이면 특유의 문화를 만들어 내는 재주가 있습니다. 이것이 인류의 근본이며 문화의 힘입니다. FC안양이 만들어낸 문화 형성의 과정은 우리가 어떤 방향으로 도시브랜드를 만들어낼지 제시해 줍니다. 그 곁에서 행정은 시민이 만든 에너지가 더 넓게 퍼질 수 있도록 기반을 다지는 역할을 해야 합니다.

안양시민들은 쾌적한 자연환경을 누리며 운동하기를 즐깁니다. 안양시 소속 선수가 되기 위해 안양시 소재 대학으로 신학한

학생도 있는데요. 이 청년은 타 도시에서 이주해 안양에서 훈련을 하면서 '안양은 체육에 진심인 곳'이라고 느꼈다더군요. 그만큼 시민들이 어디서나 건강을 관리할 수 있는 안양시가 되기 위해 여러 노력들이 있었습니다. 그 중심엔 물론 시민과의 소통이 있었습니다.

안양시민을 위한 행복지표 개발 연구 용역 과정에서 안양시민들의 건강과 행복에 대한 생각을 알아볼 기회가 있었습니다. 안양의 시민들은 고위험 음주율, 흡연율, 비만율 모두 전국과 경기도에

●●● FC안양이 2부 리그 우승하면 보라색으로 염색하겠다는 약속을 지켰습니다.

비해 낮은 수준이었습니다. 의료기관 종사자 수도 전국과 경기도에 비해 높습니다. 안양시민들에게 행복한 순간이 언제냐고 물었을 때 안양천 라이딩, 등산, 산책을 언급한 분들이 행복도가 높았습니다. 수영장, 배드민턴, 등 생활 속에서 느낄 수 있는 체육 인프라에 대한 만족도가 높고 지역 스포츠팀에 대한 일체감과 만족도도 높았습니다. 프로농구단, 아이스하키단, FC안양이 지역 주민들에게 성취감을 선물하고 있는 것이죠.

●●● FC안양의 12번은 영구결번, 시민의 번호입니다.

역사는 축제로 피어난다

그 반면 문화 인프라가 아쉽다는 의견도 있었습니다. 안양시의 문화 공간은 자생적으로 곳곳에서 펼쳐지고 있으나 아직 시민들이 체감할 만큼 잘 알려지지 않은 것 같습니다. 앞으로의 문화예술정책에서 더 신경써야 할 부분이기도 합니다. 서울과 가깝고 교통이 편리한 것이 오히려 불리하게 작용하기도 합니다.

따라서 안양은 안양만의 새로운 생활문화를 시도해 볼 필요도 있습니다. 바로 앞서 나바루 감독이 제시한 이야기인데요, 영화에 대한 아쉬움은 저도 무척 공감합니다. 안양은 영화 도시로서의 역량을 발휘할 기회를 많이 놓쳤습니다. 잘 알려져 있다시피 안양은 동양 최대 스튜디오가 있던 놀라운 역사를 가지고 있습니다.

1957년 수도영화사 홍찬이 지금의 석수동에 종합 촬영소를 세웠습니다. 당시로서는 스튜디오, 변전소, 식당까지 갖추고 최신 카메라와 녹음 시스템까지 있어서 한국의 할리우드를 꿈꾼 곳이었다고 합니다. 1960년대 신상옥 감독이 세운 신필름이 운영을 중단한 이 종합 촬영소를 인수합니다. 신필름은 안양 촬영소에서 약 100여편의 영화를 만들었고, 안양필름과 안양영화주식회사도 거들어 안양에서 만들어진 영화는 150여 편 정도 될 거라고 추정하고 있습니다.

신상옥 감독의 파트너였던 최은희 배우는 1967년 석수동에 안양영화예술학교를 개교해 초대 교장을 맡았습니다. 이 자리는 지금 석수동 현대아파트가 되었죠. K-콘텐츠가 인기를 누리는 세계적 열풍을 바라보며 속이 좀 쓰립니다.

그동안 안양의 영화산업을 부흥시키려는 시도는 몇 번 있었지만 여러 제약과 문제로 순탄하지 못했습니다. 이제는 FC안양의 과정에서 얻은 교훈을 토대로 안양의 영화 역사를 되살려야 하지 않을까요?

과거의 영화는 소수의 재능 있는 예술가들이 만들어 내고 일반 대중들은 그저 관객에 머물렀지만 뉴미디어의 발달로 이제 누구나 창작자가 될 수 있습니다. 과거의 안양이 '촬영지'였다면 이제는 시민이 직접 도시의 이야기를 만들고 묻혀 있는 안양의 영화 역사를 발굴하는 민주적 문화 도시로 발돋움 할 때도 되었습니다.

●●● 안양청소년영화제.

영화 도시로서의 재발견은 제가 아이디어를 냈던 춤축제의 성공에 기대어 있습니다. 안양춤축제는 20년간 지속한 안양시민축제의 전환이었습니다. 시민이 주도하는 의미를 담아 안양시민축제로 이름짓고 지속해 왔지만 그 사이 시대가 많이 변했습니다. 각 지방정부에서 주도하는 축제도 색깔이 분명해야 하고 관광 콘텐츠로 거듭나기 위해서는 관공서에서 만들어 낸다는 이미지를 줄이고 전문성 있는 콘텐츠로 승부를 보는 시대가 되었습니다.

춤이 안양의 시민들을 걷고 달리고 춤추게 하며 도시 브랜드로 자리매김 하는 과정에서 4년 연속 대한민국 축제콘텐츠 대상, 3년 연속 경기도 대표 관광 축제에 선정되었습니다. 해를 거듭할수록 더 많은 관람객들이 안양을 찾고 있습니다. 안양춤축제는 안양시민으로 구성된 추진위원단과 기획위원단이 적극적으로 시민의 의견을 반영해 만들어 나갑니다. 소수의 문화 엘리트가 점유하는 축제가 아닌 시민참여로 만들어낸 성과지요.

춤을 주제로 글로벌 댄스 대회를 만들고 더 많은 청소년이 서로의 춤을 뽐내려 안양에 오고, 남녀노소 누구나 즐길 수 있는 춤축제를 만들어 왔습니다. 안양의 춤축제는 세대를 연결하는 문화 기반이 되고 있습니다. 모두 시민들의 적극적인 참여 덕분이었습니다.

1995년 지방자치제도의 부활은 지역 고유의 문화를 발굴해 지역 정체성을 구축해 주민들이 자긍심을 높이고 스스로 지역을 일궈 나가는 동력을 만들 수 있는 바탕이 되었습니다. 각 지역의 축제는 지방자치의 산물이며, 지역이 스스로 문화를 생산하는 제도적 장치이기도 합니다. 급속한 산업화와 도시화로 전국 어디나 엇비슷한 모습을 갖게 된 것은 국가 전체적인 통일성이 생겨 효율은 높아질 수 있으나 획일적인 모습으로 고유의 문화와 자생력을 만드는데 한계가 있습니다. 지역 고유의 문화는 억지로 심을 수 없는 것이기 때문입니다. 안양의 정체성을 복원하고 이를 통해 공동체를 복원하려는 노력은 지역 축제로 표현될 수 있습니다. 안양의 춤축제도 이와 같은 맥락에서 시작되었습니다. 그간의 시민축제는 각지에서 지방자치와 주민자치를 표방하면서 비슷하게 진행되었

●●● 안양춤축제는 누구나 춤을 추고 배울 수 있습니다.

습니다. 시민참여형 축제를 내세운 곳마다 포스터도 비슷하고 프로그램도 비슷하며 심지어 출연진도 겹치는 일이 발생했습니다. 안양은 지역 정체성에 대해서 오랫동안 고민해 왔습니다. 안양이야말로 급속한 산업화로 인한 전진기지였으며 이로 인한 혜택과 폐해를 동시에 받았기 때문입니다. 안양의 정체성이 뭐냐는 질문은 안양시민들이 스스로에게 던지는 질문이자 질책이었습니다.

많은 시민들이 안양은 살기 좋은 도시라는데에 공감합니다. 안정적이고 평안하다고도 합니다. 이 말의 다른 뜻은 지루하고 구태의연하다는 뜻도 됩니다. 저는 안양에 새로운 역동이 필요하다고

●●● 안양춤축제는 수백명의 시민이 함께 추는 커뮤니티댄스로 마무리합니다.

봤습니다. 그 역동을 표현할 수 있는 것이 바로 춤이었습니다. 축제는 지방자치의 꽃입니다. 행정과 전문가, 시민이 협력하고 주민참여를 이끌어 내면서 축제라는 테마 하나를 놓고 공론장이 형성됩니다. 그 과정에서 배제와 차별이 발생하는지 살피게 되고 더 많은 사람들과 소통할 수 있는 방법을 궁리하게 됩니다. 안양의 춤축제를 구성하는 춤축제 추진위원회는 각계를 대표하는 안양시민들로 구성되어 있습니다. 산업, 상업, 장애, 여성, 교육, 문화계 인사들이 모여 축제의 방향성에 대해 모색하고 소외되거나 놓치고 있는 부분이 없는가 점검하게 됩니다.

요컨대, 지역 축제는 한국형 지역 문화 민주주의의 실천이며, 지역 경제를 살리고 도시브랜드를 구축하는 지방자치의 핵심 도구입니다. 축제를 준비하며 문화적 다양성과 로컬리티를 재발견하고 공동체가 회복되며 시민사회가 성장하는 토양이 됩니다. 문화가 도시를 만듭니다.

안양의 유구한 역사를 기록하고 집대성하기 위한 안양박물관도 바로 이런 역할을 합니다. 안양박물관은 안양사지 발굴 유물과 명문 기와를 바탕으로“안양이라는 이름의 뿌리”를 담은 공간입니다. 시민이 도시의 정체성을 스스로 확인할 수 있는 공간은 꼭 필요합니다. 지금의 김중업박물관이 안양사터로 알려져 있는데 실제로는 안양예술공원 전체를 아우를 만큼 컸다는 주장도 있습니다. 유구한 역사의 천년 안양을 지금의 우리가 잘 보존하고 후대에 넘겨 줄 의무가 있습니다. 전국 유일의 건축 전문 박물관인 김중업 박물관도 그래서 소중합니다.

이 글을 쓰는 지금 안양박물관에 중요한 전시가 진행중 입니다.

얼마 전 일입니다. 어느 날 출장 중이던 저에게 신중대 전 시장님으로부터 긴급한 전화가 왔습니다. "최 시장, 큰일 났습니다. 안양의 중요한 문화유산이 경매에 나왔습니다." 바로 확인해 봤지요. 조선 후기 어용화사 박기준이 관악산과 삼성산을 유람하며 남긴 귀한 시문과 그림, 바로 <삼성기유첩>이었습니다. 안양예술공원 일대, 남자하 계곡과 삼막사, 염불암, 중초사지 당간지주와 옛 안양사지 석탑까지, 200년 전 이 도시에 살아 있던 풍경이 또렷하게 담긴 유일한 기록이었습니다. 저는 그 순간 이것이 단순한 고미술품 구입이 아니라 도시의 역사와 정신을 되찾는 일이라는 확신이 들었습니다.

문제는 예산이었습니다. 이미 확정된 당해년도 예산 안에는 이 유물을 살 여지가 없었습니다. 그러나 "예산이 없다"는 이유로 도시의 기록을 흘려보낼 수는 없었습니다. 저는 곧장 박물관 학예사와 문화재 담당 직원들을 불러 상황을 공유했고, 경매사와 연락해 "안양시가 반드시 지켜야 하는 문화유산"이라는 뜻을 솔직히 전했습니다. 공공기관이 예산 없이 경매에 참여하는 것은 이례적인 일이었지만, 저는 지방정부의 책임과 진정성을 담보로 '선취 후 정산', 다시 말해 외상으로 우선 확보할 수 있는 방법을 요청했습니다. 다행히 우리 의지와 논리가 통했고, 경쟁자가 있던 경매에서 결국 안양시가 <삼성기유첩>을 낙찰 받을 수 있었습니다.

낙찰가는 3억 9천만 원이었고 수수료까지 4억 원이 넘는 금액이었지만, 저는 이 결정을 한순간도 후회하지 않았습니다. 예산은 추경을 통해 바로 정산했습니다. 이 화첩을 직접 마주했을 때 느꼈던 경외감은 이루 말할 수 없습니다. 산세의 흐름, 계곡의 결, 시문

〈삼성기유첩〉은 시민여러분께 꼭 추천하는 전시입니다.

에 스민 풍취까지, 그 모든 것은 금액으로 환산할 수 없는 '도시의 얼굴'이었습니다. 오늘 우리는 이 유물을 통해, 19세기 안양의 숨결을 그대로 마주하고 있습니다.

도시는 스스로의 역사를 지키려는 의지가 있어야 합니다. 기록을 지키는 일, 잊힌 풍경을 복원하는 일, 예술을 시민의 손에 돌려놓는 일은 시민 모두 함께 미래 세대를 위해 지켜야 할 일이고, 도시의 과거에 예를 갖추는 일이지요. 시민들은 <삼성기유첩>을 전시와 실감 미디어를 통해 만나고 있습니다. 한 점의 기록이 예술이 되고, 예술이 도시의 기억을 확장시키는 가치를 지켜 낼 수 있어서 참 기쁩니다.

안양은 이렇게 도시를 풍요롭게 만드는 예술에 이미 오래전부터 진심이었지요. 그 상징적인 것이 바로 APAP입니다. 안양 밖에서 더 알아준다는 APAP(안양공공예술프로젝트) 역시 도시 전체가 예술의 전시장이 되는 안양만의 독특한 도시 실험입니다. 2023년 APAP7에서는 (구)검역본부를 예술 공간으로 재해석하며 도시가 예술을 품는 방식의 새로운 전형을 보여주었습니다.

도시가 삶과 일상, 예술이 조화롭게 어울리는 살아 있는 캔버스가 되면 얼마나 좋겠는가. 그런 믿음이 만들어낸 것이 바로 안양공공예술프로젝트(APAP)입니다. APAP는 2005년 첫 회를 시작으로 3년마다 열리는 국내 유일의 공공예술 트리엔날레로, 안양의 지형·문화·역사를 바탕 삼아, 미술·조각·건축·미디어·공공 퍼포먼스 등 다양한 예술 매체를 통해 도시 곳곳을 시민을 위한 거대한 갤러리로 재탄생시키는 프로젝트입니다.

옛 안양유원지였던 공간은, APAP를 통해 시민의 일상과 기억, 그리고 미래의 감각이 함께 깃든 예술공간으로 다시 태어났습니다. 처음 기획 당시, 우리는 단순히 삭막해진 유휴 공간을 정비하는 것이 아니라, "도시와 예술의 공생", "기억과 가능성의 공존"을 지향했습니다.

매 회마다 새롭게 초청되는 국내외 작가들은 안양의 도시적 맥락을 작품 속에 녹여냅니다. 산과 계곡, 공원과 구도심, 근대와 재개발의 경계까지 APAP 속에서 예술로 재해석됩니다. 2023년 제7회 APAP '7구역-당신의 상상 공간'은 단순한 야외 설치를 넘어, 기존 검역본부 건물을 실내 전시장으로 바꾸는 실험을 통해, 도시의 근대 유산과 현대 예술을 잇는 새로운 지평을 열었습니다.

APAP는 도시의 기억과 정체성을 지키고 회복하는 '문화적 책무'입니다. 시민들이 공공 장소에서 우연히 마주치는 조형물 하나, 설치 예술 하나가 누군가에게는 처음 보는 감동이 되고, 또 누군가에게는 오래된 장소를 새로운 시선으로 바라보게 하는 계기가 됩니다. 그렇게 공공예술은 도시 공간을 환기하고, 공동체의 감각을 일깨우는 사회적 장(場)이 됩니다.

무엇보다 중요한 것은, APAP가 행정 주도의 장식적 이벤트가 아니라, 시민과 예술가, 그리고 도시가 서로 기대고 만들어 가는 '공동체 프로젝트'라는 점입니다. 시민 참여 프로그램, 지역 예술가의 비중, 장애인과 약자를 위한 접근성 설계, 그리고 지속 가능한 도시 환경 디자인까지 포함하는 이 프로젝트는, 예술이 특정 계층의 전유물이 아니라 공유된 시민 자산임을 분명히 보여 주고 있습니다.

APAP는 또한 안양의 미래를 건 '문화 인프라'입니다. 도시의

APAP는 한 번의 행사로 끝나는 것이 아니라 지속됩니다. 포스트 프로젝트 간담회에서.

재생과 정체성 회복, 시민의 삶의 질 향상, 그리고 세대와 계층을 넘어선 공공의 예술 향유. 이 모두가 APAP가 품은 가치입니다.

공공미술은 도시라는 거대한 무대를 가진 멋진 공연이죠. 시민은 그 무대 위의 관객이자 배우입니다. APAP는 그 무대를 열고, 도시의 과거와 현재, 그리고 미래를 예술로 잇는 다리가 되고 있습니다. 이런 APAP의 힘을 바탕으로 도심 곳곳을 보기 좋게, 유니버설 디자인으로 재조성하는 일은 더욱 확대되어야 합니다.

명학공원과 안양아트센터 일대의 문화예술거리 조성 사업은 예술을 일상의 풍경 속으로 끌어오는 작업입니다. 조명, 조형물, 플리마켓, 시민 휴식 공간은 도시의 문화가 시민의 생활과 자연스럽게 만나는 방식을 제안하고 있습니다.

안양역 주변의 불편함을 줄이고 유니버설 디자인을 적용한 것과, 호성초등학교 주변의 통학로를 정비한 것도 같은 맥락입니다.

안양의 시민들은 문화예술과 체육을 즐기며 그야말로 춤추듯이 살고 있습니다. 최근 되찾은 안양수목원도 시민들의 염원이 모여 이뤄 낸 결과입니다. 2025년 11월 5일 오전 10시, 안양수목원의 문이 시민들에게 완전히 열렸습니다.

반세기 넘게 접근이 어려웠던 이 공간은 오래전부터 많은 시민에게 '가 보고 싶은 곳'으로 남아 있었고, 개방 첫 2주 동안 11만 명

●●● 시민들과 안양천을 누비며 마라톤을 즐겼습니다.

이 찾아왔다는 사실은 그 오랜 기다림의 깊이를 보여 줍니다.

안양수목원 개방을 준비하는 과정에서 자연이 가진 힘을 새삼 느꼈습니다. 숲은 도시의 곁에 있으면서도 시민의 일상으로는 들어오지 못한 상태였습니다. 서울대학교와의 협의 끝에 약 20만㎡의 국유지를 시민에게 환원할 수 있었고, 이제는 누구든 걸어서 갈 수 있는 생활권 숲으로 자리잡기 시작했습니다.

안양수목원은 1,000종이 넘는 식물이 살아 있는 생태공간입니다. 안양천과 병목안공원, 안양예술공원으로 이어지는 생태자연 생활 공간이 이어진 것이죠. 이제 시민들은 집 가까이에서 숲의 공기와 풍경을 만날 수 있습니다. 안양수목원 개방은 시민의 건강과 정서적 안정에 큰 의미를 갖습니다. 영유아에게는 자연이 곧 교육이고, 청년에게는 스트레스를 내려놓는 공간이며, 중장년층에게는 생활의 쉼표가 됩니다. 어르신들에게는 보행하기 좋은 치유의 공간이 되고, 장애를 가진 분들에게도 무장애 접근을 위한 기반을 확충할 수 있는 계기가 됩니다. 도시에 사는 누구나 누릴 수 있는 '녹색복지'가 이렇게 실질적인 형태로 자리 잡기 시작했습니다.

그동안 이 거대한 생태 자원들은 점처럼 흩어져 있었지만, 안양수목원의 개방을 통해 도시 생태축이 한 방향으로 이어지기 시작했습니다. 안양천을 따라 수암천 학의천 삼성천으로 이어지는 지류가 안양의 곳곳을 연결하며 안양만의 수변 문화가 완성되었습니

●●● 비밀의 숲이라 불리던 서울대 수목원이 안양 서울대 수목원으로 재탄생했습니다.

다. 시민이 집에서 나와 걷기만 해도 도시의 숲과 물길을 따라 이동할 수 있는 구조, 이런 도시가 앞으로 안양이 그려 가는 녹색 도시의 모습입니다.

안양의 자연생태환경은 도시 기후 대응에서도 중요한 역할을 합니다. 숲이 제공하는 그늘과 습도는 열섬 현상을 완화하고, 생태계의 자연 순환은 미세먼지를 줄이며, 비가 많이 올 때는 빗물 조절 기능을 수행합니다. 기후위기 대응에서 자연의 역할은 점점 더 중요해지고 있습니다. 안양은 숲과 산, 하천을 중심으로 기후 회복력을 갖춘 도시, 미래를 준비하는 도시로 나아갈 수 있습니다.

문화와 예술, 체육과 여가, 관광이 연결된 도시 전체의 문화적 생태계를 완성해야 합니다. 안양이 어떻게 성장하고 무엇을 지켜야 할지 우리 주변 풍경이 바로 안양의 비전입니다.

5장

더불어 일하는 도시가 삶을 만듭니다

"혁신적 환경정책, 환경의 가치를 높여야 도시의 가치가 높아집니다."

기후위기 시대의 도시는 더 이상 겉으로 보이는 번영만으로

평가될 수 없습니다. 안양은 안양천과 숲, 물 순환·자원 순환 체계,

보이지 않는 관로와 데이터, 열병합발전과 순환경제,

기후테크와 기업 지원까지 도시의 속살을 바꾸는 일에 힘써 왔습니다.

자연과 산업, 환경과 일자리가 함께 숨 쉬는 도시,

준비된 기반 위에서 기후위기를 돌파하며

'일하기 좋은 도시'로 거듭나는 것, 그것이 안양이 그리는 미래입니다.

시민 인터뷰

정지원

㈜키다 대표

제가 안양으로 온 건 초등학교 4학년 때였습니다. 그때는 단지 부모님을 따라 이사 온 도시일 뿐이었지만, 고등학교를 지나 성인이 되고 결혼하고 아이 넷을 모두 이곳에서 낳으며 살아오면서 안양은 제 삶 전체가 흘러간 터전이 되었습니다. 아이들 학교, 병원, 생활권 모두가 이 도시 안에서 자연스럽게 이어졌고, 어느 순간 '삶을 떠받치는 중심'이 되어 있더라고요.

아이 넷을 둔 부모라면 다 알겠지만, 한 가족의 생활 리듬이라는 것은 도시의 구조와 환경과도 맞닿아 있습니다. 병원과 교육시설 접근성, 동네 안전, 지역 커뮤니티, 교통, 자연환경까지. 저는 그 모든 것을 안양에서 안정적으로 경험하며 살았고, 그래서 기업을 본격적으로 성장시켜야 할 시점이 다가왔을 때 자연스럽게 마음이 이곳을 향했습니다.

"사업의 성장과 생활의 기반이 동시에 놓여 있는 도시." 이것이 제가 안양을 떠나지 않은 가장 큰 이유입니다.

저희 사업은 LED 전광판 제작과 설치, 인테리어형 조명 솔루션까지 다루는 제조업입니다. 제조업은 공장 공간을 필수적으로 필요로 합니다. 그래서 처음 본점을 이전할 때 타 도시와 안양을 비교했지만, 안양은 공장 부지를 구하기 어려웠습니다. 제조 규모가 어느 정도 되는 회사로서는 들어갈 자리가 도시 안에 거의 없었습니다. 그러나 안양의 기업지원 정책은 인근 타 도시보다 확실히 적극적이었습니다. 육성 자금, 특례 보증, 기업 성장 지원 등 시 차원의 제도가 잘 마련되어 있었고, 특히 "기업을 지역 생태계의 중요한 일부로 대한다"는 느낌이 있었습니다. 저는 이 부분이 굉장히 중요하다고 생각합니다. 기업의 성장을 도시 전체의 성장으로 바라보는 관점이 있기 때문입니다. 그러던 중 '창업지원센터'라는 곳을 알게 됐고, 안양의 기업 생태계 안으로 들어가기로 결정했죠. 그래서 저희는 지금 안양의 기업입니다. 다른 도시에 일부 공장이 남아 있는데 "전 공정을 안양으로 가져오는 것"을 장기 목표로 두고 움직이고 있습니다.

특히 안양시 행정의 빠른 처리 속도는 정말 놀라웠습니다. 시청에서 보증서 발급을 도와줄 때는 "이렇게 신속하게 대응해 주는 행정도 있구나"라는 감탄이 들었습니다. 기업을 대할 때 '도와주려고 한다'는 의도가 느껴졌고, 그 자체만으로도 안양으로 옮기길 잘했다는 생각이 들었습니다. 하지만 문제는 시청 이후의 단계였습니다.

외부 보증 기관에서 심사를 받을 때, 제출해야 하는 서류는 많고 기준은 담당자마다 달랐습니다. 이미 시청에서 보증을 해 준 상황인데도, 그 과정이 지나치게 까다롭고 주관적이었습니다.

결정적으로 실망스러웠던 건, "정말 필요한 기업은 기회조차 얻기 어렵고, 이미 여러 번 지원을 받은 기업은 계속해서 혜택을 받는 구조"가 곳곳에서 눈에 띄었다는 점입니다. 지방정부에서 아무리 도와줘도 장벽이 있다는 걸 깨달았죠. 제도가 존재한다는 사실보다 제도에 접근할 수 있느냐의 문제가 더 중요하다는 걸 몸으로 느꼈습니다.

"차이로 인한 차별이 발생하지 않도록 하여야 하고 성·연령·장애 등을 고려해 모두가 행복하고 안전한 사회를 함께 만들어 나가야 합니다." - 2023. 3.

저는 다자녀의 엄마이자 여성 기업인입니다. 하지만 솔직히 말하면 여성 기업 제도나 다자녀 기업 지원 정책은 현실 체감도가 낮습니다. 대부분의 정책은 조건이 까다롭고, 실제 운영하는 기업이 활용하기에는 문턱이 너무 높습니다. 여성 기업이라고 해서 특별한 배려가 있는 것도 아닙니다. 오히려 저희 업종은 시공을 필수로 하는 업종이고, 좀 딱딱하달까, 공장 공사 등의 현장이 수반되는 것이라서요. 발주 과정에서는 "여성 대표가 뭘 알겠어"라는 뉘앙스를 느낀 적도 있습니다. 현실적으로 접근할 수 있는 최소한의 기회가 보다 넓게 열려 있었으면 합니다.

또 청년 지원 정책 역시 청년의 나이를 35세 기준으로 두면서, 실제 현장에서 30대 중·후반에야 취업하는 청년들에게는 해당조차 되지 않는 경우가 많습니다. 기업이 청년을 채용해도 혜택에서 제외되는 일이 많았습니다. 도시에 필요한 것은 더 많은 예산이 아니라, 더 현실적인 기준이더라고요. 저희가 채용할 수 있는 청년들은 사실 35세 이전보다 조금 더 많은 분들이 많아요. 요즘 청년들이 사회 진출하는 시기가 워낙 늦으니까요. 이런 부분이 완화되면 좋겠어요.

저희 회사는 처음에 부부가 둘이서 시작했습니다.

외주 공장에서 필요한 물량을 맞춰 주지 못해 아예 공장을 빌려 직접 생산에 들어가면서 지금의 구조가 되었고, 현재는 여러 직원분들과 함께 일하고 있습니다. 기업이 성장할수록 가장 크게 느껴지는 것은 '매출의 높낮이'가 아니라 함께 일하는 사람들의 삶에 대한 책임감입니다. 경기가 나빠지면 걱정되는 것은 회사 자체부다 직원들의 삶입니다. 급여가 그냥 돈이 아니죠. 직원들에게 나가는 급여는 한 가정의 삶이거든요. 기업인의 불안은 돈이 아니라 책임에서 옵니다.

그래서 저는 안양시의 기업지원 정책이 '정말 필요한 기업에게 기회를 주는 방식'으로 설계되었으면 합니다. 꾸준히 잘 되는 기업보다 한 번쯤 위기에 있는 기업이 다시 일어설 기회를 제공하는 도시가 되면 좋겠습니다.

기업을 하다 보면 전국 여러 지역의 사장님들과 만나게 되는데, 그럴 때마다 느끼는 것이 있습니다. 안양 사람들은 낙천적이고, 도시 자체가 깔끔하며, 일과 삶의 균형이 잘 잡혀 있다는 점입니다. 어쩌면 제가 안양 시민으로 살아온 시간이 길다 보니, 특별한 이유로 설명할 수 없는 애정이 있어서 그런 거 같기도 해요. 여행을 가도 집에 돌아오면 마음이 편하고, 아이들도 이 도시에서 안정적으로 자랐습니다. 저는 이 도시를 떠나야 할 이유를 찾지 못했습니다.

그리고 최대호 시장님이 여러 공약을 꾸준히 실행하는 모습을 보며 느낀 건, 행정이 어느 정도 신뢰를 주고 있다는 점입니다. 물론 정책이 완벽할 수는 없지만, 적어도 '하려고 한다'는 의지와 '시민과 기업을 돌본다'는 의도가 보입니다.

도시를 평가하는 기준은 화려한 개발보다 지속해서 신뢰를 줄 수 있는 행정"이라고 생각합니다. 그런 점에서 안양은 꾸준히 나아지고 있습니다. 도시가 기업에게 요구하는 것도, 기업이 도시에 바라는 것도 결국 한 문장 아닐까요?

"기회는 골고루, 기준은 명확하게, 과정은 투명하게." 관계 중심의 사업 구조가 조금씩 바뀌고, 공정한 순환 방식이 도입되고, 지원 제도가 현실적으로 접근 가능한 방식으로 개선된다면 안양은 정말로 기업하기 좋은 도시가 될 수 있습니다.

그리고 저는 기업이 행정으로부터 도움을 받았다면, 그만큼 다시 지역에 돌려주는 것이 당연하다고 생각합니다. 봉사, 기부, 지역 활동 등 어떤 방식이든 사회에 환원하는 기업이 많아질수록 그 도시의 품격은 자연스럽게 올라갑니다.

"로컬 거버넌스의 힘으로 주민 생활을 혁신하고, 기업 하기 좋은 도시를 조성해야 안양의 미래가 있습니다."

– 2023. 12.

저 역시 그런 기업인이 되려고 합니다. 저희 회사의 제품이 언젠가 안양 곳곳을 밝히는 날이 온다면, 그건 매출 때문이 아니라 "안양에서 자란 기업이 안양을 비춘다"는 마음 때문일 것입니다. 저는 다른 도시에서 기업을 할 수도 있었습니다. 하지만 결국 안양을 선택한 이유는 한 가지입니다. 여기에는 제 삶이 있고, 제 아이들이 있고, 제 기업의 미래가 있기 때문입니다.

다른 조건보다 저는 이 도시가 주는 '기본적인 정직함과 안정감'을 믿습니다. 정책은 바뀔 수 있지만, 도시의 기조와 방향성은 단단합니다.

기업이 성장하는 도시. 아이들이 안전하게 자라는 도시. 기회가 공정하게 순환하는 도시. 저는 안양이 그런 도시가 되기를, 그리고 그 길에 저도 한몫을 보태고 싶습니다.

시민 인터뷰

최주영

JS푸드텍 대표

저는 수원에서 나고 자랐습니다. 대학 생활도 수원에서 보냈고, 사회생활의 첫 발걸음 역시 서울에서 시작했습니다. 그러나 식품산업으로 진로를 전환하게 되면서 제 인생의 동선은 큰 변화를 맞았습니다. 식품 개발은 그저 아이디어만으로 이루어지는 일이 아니라는 사실을 현장에서 깨달았습니다. 재료를 다루고, 공정의 흐름을 이해하고, 생산의 전체 구조를 체득하는 과정이 반드시 필요했습니다. 제가 시작한 일은 식품산업인데, 수도권에서 식품산업을 하는 게 상당히 어렵거든요. 그래서 저는 아무런 연고도 없던 전라북도 군산과 전주로 내려가 약 3년간 개발과 생산을 직접 배우며 지냈습니다. 진짜 공장에서 자고, 기숙사 생활하면서 배웠어요. 그 시절은 육체적으로도 정신적으로도 쉽지 않았지만, 지금 돌아보면 제게는 무엇과도 바꿀 수 없는 자산이 되었어요. 힘들었지만, 잘한 일이라고 생각합니다.

사업을 확장해야 할 때가 되었는데 수도권에서 하긴 해야겠더라고요. 기업도 해야하지만, 제 생활도 중요해서 안양을 선택하게 되었습니다. 살아갈수록 이곳이 가진 분명한 색깔이 보였습니다. 가장 먼저 눈에 들어온 것은 청년 정책이었습니다. 청년 주거, 청년 활동, 청년 오피스, 청년 창업 프로그램 등 다양한 분야에서 청년이 중심에 서 있었습니다. 첫아이를 기다리는 입장이어서 육아 정책에도 관심이 높아졌는데, 안양은 육아 정책도 다양했어요. 다른 도시의 정책들이 때때로 구호로 느껴지는 반면, 안양은 실제 생활 영역에서 체감할 수 있는 정책이 많아 보였죠. 도시가 무엇을 우선순위로 두는지에 따라 기업의 정착 가능성도 달라진다고 생각합니다. 안양은 "청년에게 열린 도시"라는 인상을 분명하게 주었습니다.

안양시는 도시 규모에 비해서 청년이 많고, 대학도 많아요. 사실 대학이 이렇게 많은지 몰랐어요. 그러다보니 도시 전체가 어느 정도 활력이 있습니다. 이 환경은 저와 같은 신생 기업에게 매우 큰 동력이 됩니다. 안양이 기업하는 청년을 지지한다는 느낌을 받았달까요.

안양에 터전을 잡기로 하고 가장 먼저 안양산업진흥원 청년 오피스로 왔어요. 타 지역에서도 이런 벤처센터를 경험했지만, 안양에서의 경험은 완전히 달랐습니다. 우선 이곳에는 사람이 있었습니다. 많은 청년 지원 공간이 실제로는 '문 열어 놓은 사무실' 정도로 운영되는 경우가 있습니다. 입주기업 간 교류가 없고, 프로그램이 있어도 형식에 그치며, 실무적 지원도 미비한 곳이 적지 않습니다. 그러나 안양 청년 오피스는 다르더라고요. 공간에 활력이 있었고, 입주기업의 출석을 관리하며 운영 밀도를 높였고, 매니저들이 실제로 기업 상황을 점검하며 필요한 정보를 먼저 안내해 주었으며, 기업 간 네트워크를 적극적으로 연결했습니다. 창업 초기일수록 이러한 '생태계의 강도'가 필요하다고 봅니다. 혼자서 고립되지 않고, 서로의 존재가 성장을 자극하며, 자연스럽게 경쟁과 협력이 공존하는 환경이 조성되기 때문입니다. 으쌰으쌰 하는 분위기가 있는 거죠.

창업은 본질적으로 외로운 일입니다. 문제도 혼자 해결해야 하고, 제도도 스스로 찾아야 하고, 시장의 반응도 혼자 부담해야 합니다. 그런 창업가에게 진흥원이 제공하는 정보, 네트워크, 연계, 제안은 단순한 행정 지원이 아니라 기업이 버티고 성장할 수 있는 심리적·전략적 기반이 되거든요. 자문을 구하긴 어려운데 물어볼 것들이 많잖아요. 그런 걸 여기 같이 입주해 있는 다른 사장님들께 여쭐 수도 있고, 아주 쉬운 예를 들자면, 택배사 추천 같은 것부터요.

JS푸드텍은 식품 제조와 수출을 중심으로 운영되는 회사입니다. 최근 K-푸드의 인기가 전 세계적으로 높아지며 미국과 유럽의 바이어들과 협업하는 기회도 빠르게 늘고 있습니다. 시장의 흐름이 바뀌는 시점에 회사를 시작했다는 것은 제게 큰 행운이라 느껴집니다. 다만 식품 제조는 청년 창업의 주력 분야가 아니며, 도시의 산업 구조와도 다소 거리가 있는 분야로 여겨지는 경우가 많습니다. 식품 제조는 공정 특성상 물 사용량, 하수 처리, 위생 기준, HACCP, 폐기물 처리 등 다양한 조건을 갖춰야 하기 때문입니다.

그럼에도 저는 안양이 식품 스타트업에게 매력적인 도시라고 느낍니다. 인천항과 평택항에 접근하기 쉬운 지리적 조건, 지식산업센터가 발달한 환경, 젊은 인재층이 풍부한 도시 구조, 대학과의 물리적·심리적 거리감이 낮은 배치 등이 식품 산업을 새로운 방식으로 확장할 수 있는 가능성을 열어 줍니다.

저는 이 도시에서 '도시형 식품 제조 모델'을 만들고 싶다는 목표를 갖게 되었습니다. 기존의 제조 방식이 지방 공장 중심이었다면, 앞으로는 도심 속에서 작게 시작해 점진적으로 확장하는 방식이 식품 산업의 새로운 표준이 될 수 있을 거 같거든요.

제가 안양에 대해 가장 긍정적으로 평가하는 지점은, 안양이 기업을 평가할 때 가능성의 기준을 함께 본다는 것입니다. 다른 지역의 지원 제도들은 종종 매출, 담보, 실적, 재무 기반 등 확정적인 지표에 집중합니다. 그러나 창업 1~2년 차 기업에게 이런 기준은 큰 장벽이 됩니다. 안양은 기업의 '현재'만 보지 않고 '미래'에 대한 잠재력과 대표자의 역량을 함께 살핍니다. 이 부분이 신생 기업에게는 매우 중요합니다. 기업 성장의 초기 단계에서는 매출보다 가능성이 더 명확한 지표가 되기 때문입니다.

"청년이 머물고 싶은 도시, 청년이 꿈꿀 수 있는 도시를 만드는 것이 안양시의 목표입니다. 청년의 열정이 곧 도시의 경쟁력이며, 안양은 그 열정을 실현할 무대를 제공하겠습니다."

– 2025. 10.

특히 안양에서는 진흥원장과의 소통이 실제로 이루어집니다. 타 지역에서는 기관장의 문턱이 높고, 실무자 단계에서 논의가 멈추는 경우가 많습니다. 그러나 안양에서는 제안이나 건의가 실제 정책 반영으로 이어지는 장면을 볼 수 있습니다. 이러한 경험은 청년 창업가에게 큰 신뢰로 다가옵니다. 도시가 기업의 목소리를 들을 수 있다는 것은 큰 가치입니다. 기업은 도시를 선택하고, 도시는 기업을 성장시키는 구조가 만들어지기 때문입니다.

사실 수도권이나 도심에서 식품사업을 하는 건 많이 어렵습니다. 도시형 제조는 높은 임대료, 제한된 생산 공간, 까다로운 위생 및 환경 기준이 어려운 점이죠. 하지만 식품 제조와 푸드테크는 앞으로 큰 성장 가능성이 있는 산업입니다. K-푸드의 세계적 관심이 커지는 지금, 안양이 도시 안에서도 식품 제조가 가능한 구조를 만든다면 전혀 새로운 산업 기반을 구축할 수 있다고 생각합니다. 그리고 꼭 식품 생산이라고 국한하지 않을 수도 있거든요. 식품에서 출발해서 다른 분야로 확장하는 분들도 있으니까요. 모든 가능성을 열어 두고 일단 할 수 있는 것을 하고 있습니다. 정책은 잘 모르지만 식품 기업이 활용할 수 있는 공간과 규제 완화, 혹은 푸드테크 전용 공간과 같은 새로운 방식의 접근이 있으면 좋겠습니다.

최근 기업들은 ESG 기준을 준수해야 하거나, 지금은 아니어도 언젠가는 해야 합니다. 식품 제조업은 특히 안전·품질 영역에서 ESG 요소가 강하게 적용됩니다. 현실적으로는 관계 부처마다 추구하는 게 다른데, AI와 자동화를 통한 비용 절감을 추천 받기도 하고 고용을 늘리라는 압박이 동시에 존재합니다. 스타트업으로서는 이 두 방향을 동시에 충족하기가 쉽지 않습니다. AI 도입은 필요한 흐름이지만, 노동부의 고용 확대 기준 또한 무시할 수 없습니다. 불확실성의 혼돈기 같아요. 기본적인 기준을 지키고, AI와 자동화를 적정하게 도입하면서 점진적으로 인력을 채용하는 방식으로 균형을 찾고자 합니다. 기업 혼자 이 균형을 해소하기는 어렵습니다. 도시와 행정, 그리고 지원 기관이 함께 방향을 고민한다면 안양은 미래산업에 적응하는 훨씬 유연한 도시가 될 수 있다고 믿습니다.

"불요파(不要怕), 불요기(不要棄), 불요회(不要悔), 즉 두려워하지 말고, 포기하지 말고, 후회하지 말아야 합니다. 한계는 스스로 정하는 것이고 크게 생각할수록 크게 이룰 수 있습니다."

– 2025. 10.

수출 기업으로 성장하고 있는 저는 안양에 몇 가지 바람을 가지고 있습니다.

첫째, 수출 지원 프로그램의 다양화와 연중 운영입니다. 현재 대부분의 수출 지원 프로그램은 연초에 시작해 연말에 종료되는 구조여서 기업의 성장 속도와 맞지 않는 경우가 많습니다.

둘째, 중복되는 지원이 아니라, 안양만의 차별화된 모델입니다. 다른 지역과 동일한 구조의 플랫폼이 아니라, 청년 수출기업 특화 지원 등 새로운 방향성이 필요하다고 생각합니다.

셋째, 가능성 중심의 평가 체계 강화입니다. 대표자의 역량과 아이템의 잠재력을 주 기준으로 평가하는 방식이 자리잡는다면 안양은 청년 창업가에게 훨씬 매력적인 도시가 될 것입니다.

안양은 청년이 실제로 모이고, 청년을 위해 정책이 작동하며, 기관장이 청년 창업가의 목소리를 직접 듣는 도시입니다. 산업진흥원은 활발히 움직이고, 대학과 기업의 연결도 자연스럽습니다. 도시의 생태계가 잘 구축되어 있을 때, 기업은 도시에 뿌리를 내릴 수 있습니다. 저는 안양에서 창업한 것을 매우 다행이라 생각합니다. 대도시처럼 지나치게 거대하지 않고, 작은 도시처럼 지나치게 분절되어 있지 않은 안양은 청년 기업이 성장하기에 적당한 균형을 갖춘 도시입니다.

저는 식품 제조라는 오래된 산업에 새로운 감각을 더하고 싶은 청년 기업가입니다. 안양은 그 꿈을 실현해 볼 수 있는 가능성을 보여 주는 도시였습니다. 저는 이 도시가 청년이 시작할 수 있는 도시, 청년이 실패하더라도 다시 설 수 있는 도시, 청년의 가능성이 정책과 제도로 연결되는 도시가 되기를 바랍니다. 안양이 그런 도시가 되어 갈 때, 저 역시 이곳에서 더 오래, 더 깊이 뿌리를 내리고 싶습니다.

도시가 지녀야 할 기본적인 조건은 살아갈 수 있어야 하고, 일할 수 있어야 하고, 도전할 수 있어야 한다는 것. 도시가 사람에게 기회를 만들어 주고, 기업이 자리잡을 수 있는 환경이 필요하며, 그 위에서 시민이 일상의 균형을 찾을 수 있어야 합니다.

두 분의 이야기를 들으며 도시의 정책은 결국 시민의 일상에서 출발해야 한다는 사실을 다시 마음에 새겼습니다.

안양은 오늘날까지 생태환경을 복원하고, 기후위기 대응 체계를 만들고, 순환경제 기반을 구축하고, 기술기업·청년기업이 성장할 수 있는 구조를 차분히 정리해 왔습니다. 모두가 한 번에 눈에 띄는 변화는 아니었지만 도시의 체질을 바꾸는 과정이었습니다. 성과가 미미하더라도, 모든 노력이 가치 있었습니다.

도시의 변화는 늘 진행 중이고, 완결을 향한 다음 단계는 언제나 대기 중입니다. 특히 기후위기, 산업전환, 인구구조 변화와 같은 시대적 흐름 속에서 도시가 준비해야 할 일이 많이 남아 있습니다.

—

생태와 안전, 순환과 에너지, 기술과 산업, 청년의 성장과 시민의 삶이 하나의 흐름으로 이어져야 합니다. 도시는 생태의 안전 위에 순환경제를 올리고, 순환경제 위에 산업과 기술을 연결하며, 그 모든 기반 위에 시민의 삶을 놓아야 비로소 지속 가능한 미래를 가질 수 있습니다.

살기 좋은 도시에서 일하기 좋은 도시로, 일하기 좋은 도시에서 미래를 준비하는 도시가 되어야 합니다. 조용하지만 힘있게 성장하려면 시민의 힘이 절실합니다.

기후위기 시대를 살아가는 도시

안양천이 안양에 주는 것은 너무도 많습니다. 한 도시의 역사가 단순한 시간의 흐름이 아니라, 그 도시가 품어온 삶의 방식이라는 것을 먼저 알려 줍니다. 안양의 자연은 우리를 숨 쉬게 하는 조건이자, 도시가 품어온 기억입니다. 안양천과 수리산, 학의천을 이루는 생태적 흐름은 그 자체로 안양의 정체성이자 미래의 시작점입니다.

기후위기로 인한 폭우와 폭염, 예측하기 어려운 기후 패턴이 일상이 된 지금, 도시의 생태 인프라는 단순한 '환경 정비'가 아니라 시민의 안전을 지키는 기반이며, 도시를 미래로 이끄는 핵심 자산입니다.

도시를 운영하다 보면, 눈에 보이지 않는 구조가 삶을 바꾼다는 사실을 자주 느끼게 됩니다. 하천의 흐름, 빗물이 빠지는 속도, 공기의 흐름과 열의 분산, 평범해 보이는 산책로의 나무 한 줄이 시민의 건강과 안전, 이동의 편의, 도시의 온도까지 좌우합니다. 환경을 다루는 일은 겉으로는 변화가 크게 드러나지 않을 때도 많지만 그 효과는 시민들의 일상 속에서 가장 오래 지속됩니다.

환경정책은 도시의 근육과 골격을 만드는 일입니다.

안양은 지난 몇 년간 하천 정비, 물 순환 체계 구축, 비점 오염원 관리, 탄소중립 계획 등 기후위기 시대에 필요한 기반시설을 묵묵히 만들어 왔습니다. 이 기반은 꽤 단단해졌지만, 저는 이것을 "완결된 체계"라고 말하진 않겠습니다. 기후 환경은 매년 달라지고, 도시가 대응해야 할 요구도 계속 변화합니다.

이제 향후 몇 년 내에 안양의 기후 대응 시스템을 완성할 필요가 있습니다. 이미 마련한 기반이 있고, 정책 방향이 선명해졌기에 이제는 도시 전체를 하나의 체계로 연결해야 합니다.

안양천·학의천·수리산은 이 도시의 가장 오래된 자원입니다. 대부분의 시민이 어릴 적부터 걸어왔던 길이고, 누군가에게는 운동을 시작한 곳이며, 누군가에게는 가족과 시간을 보낸 공간입니다. 안양의 자연환경은 이처럼 개인의 추억과 도시의 역사가 함께 쌓인 공간입니다.

하지만 지금 우리는 이 자연환경을 새로운 관점에서 바라보기 시작해야 합니다. 예전처럼 “아름답게 보전하는 공간”을 넘어 폭우·폭염·미세먼지·도심 열섬 등 기후위기 상황에서 도시를 지켜주는 방패 역할까지 생각해야 합니다.

안양천 주변의 온도는 여름철 도심 평균보다 낮습니다. 학의천 제방은 집중호우 때 물을 안정적으로 흘려보내는 기능을 하고, 수리산의 숲은 도심의 열을 완화해 줍니다. 이처럼 자연환경은 도시의 외곽에 있는 장식이 아니라 도시의 ‘기초 체력’입니다. 그래서 안양시는 이 자연 기반이 무너지지 않도록 꾸준히 정비하고 보완해 왔습니다.

기후위기는 도시가 스스로 구조를 바꿔야 하는 문제입니다. 지난 10년 동안 전국 대부분의 도시가 예측하기 어려운 날씨 앞에서 여러 차례 혼란을 겪었습니다. 폭우에 잠겼던 도로, 갑작스러운 돌풍, 장기 폭염, 그리고 계절을 가늠하기 힘들 정도로 변화한 강수 패턴까지. 안양도 예외가 아니었습니다. 기후 대응은 도시 계획의 부속 항목이 아니라 전제가 되어야 한다는 점을 뚜렷하게 깨달았습니다.

안양시는 「제1차 탄소중립 녹색성장 기본계획」에 따라 2030년

●●● 안양천 국가정원은 시민들과 소통하며 만들어가야 합니다.

까지 온실가스를 40% 감축하는 목표를 갖고 있습니다. 여기에는 여러 사업이 묶여 있지만 핵심은 '도시의 구조를 바꾸는 것'입니다. 건물의 에너지 사용 방식, 교통의 연료 구조, 폐기물 배출에 대한 도시적 책임, 그리고 무엇보다 기후변화로 인해 손상되는 자연 기반을 어떻게 회복하고 보완할 것인가를 담고 있습니다.

안양시의 기후위기 대응의 다음 단계는 생활 구조로 완성시키는 것입니다. 도시의 모든 체계에 자연스럽게 녹아드는 구조를 만들고자 합니다.

그중 가장 중요한 것이 물 관리입니다. 특히 안양천과 같이 다른 도시로 연결되는 하천이 안양의 중심을 가로지르는 우리 입장에서는 물 관리가 정말 중요합니다.

폭우, 국지성 호우, 가뭄이 반복되는 시대에 가장 먼저 살펴야 하는 것이 물이기도 합니다. 2025년 올해는 홍수와 가뭄이 지역별로 다르게 나타났고 도시 전체에 수도를 공급하는 배관의 문제로 단수가 일어나는 곳도 있었습니다. 이와 같이 물이 넘치거나 모자라면 도시는 곧바로 기능에 문제가 생기고 적정한 물의 공급과 배수는 도시의 명운을 가릅니다. 안양시는 물 순환 기본계획을 중심으로 하천·도로·배수·지하수·상하수도 시스템을 한 울타리에서 바라보고 있습니다.

하수 처리수를 연간 약 2,000만 톤 재이용해 안양천과 학의천 유지 용수로 돌려보내는 일은 이미 안정적으로 이뤄지고 있습니다. 이 덕분에 건기철에도 하천 수량이 안정되고, 수질 관리에도 큰 도움이 되고 있습니다.

침투형 포장, 빗물 정원, 저류지 확대는 폭우 시 물을 한꺼번에 밀어내지 않도록 도시가 물을 흡수하고 저장하는 기능을 갖추기 위한 작업입니다. 이러한 시설은 시민의 눈에 잘 띄지 않지만 도시 안전에는 매우 중요한 요소입니다.

하지만 이 체계가 완전하다고는 말할 수 없습니다. 기후 변화 속도가 너무 빠르고, 매년 우수량과 집중 강우 패턴이 다릅니다. 적어도 2026년부터는 물 순환 체계를 "완성형 도시 인프라"로 끌어올려야 합니다. 기존 시설을 보완하고, 부족한 구간을 채우고, 데이터 기반의 운영체계를 확립하겠습니다.

하천은 도시의 위기상황을 가장 먼저 보여 주는 지점입니다. 비가 많이 오면 안전 여부가 바로 확인되고, 물이 빠지지 않으면 도심 전체가 위험해집니다.

안양시는 그동안 전체 하천 구간에 걸쳐 제방 안전성 평가, 하상 정비, 교량 주변 침식 대응, 범람 구간 보강 등을 꾸준히 진행해 왔습니다. 안양천의 흐름이 어느 정도 안정적으로 유지되고 있으며, 학의천 곳곳도 과거와 비교하면 훨씬 안전한 상태입니다. 하지만 하천 정비는 어느 시점에 완료되는 일이 아닙니다. 끝나지 않을 숙제입니다. 이는 우리가 하천을 존중하며 함께 공생해야 한다는 뜻이기도 합니다. 하천을 관리하는 것 자체가 인류의 문명이라고 봐도 과언은 아니죠. 안양은 안양천을 중심으로 한 각 지류 하천의 특성을 다시 분석하고, 수위 변화 패턴을 세밀하게 점검해 하천을 기후위기에 반응하는 안전망으로 확실하게 구축하겠습니다. 이 과정에서 시민들의 적극적인 참여와 행정과의 거버넌스 구축이 절실합니다. 몇 명 안 되는 직원들이 하천의 모든 것을 파악하기엔 어

●●● 안양천은 우리의 귀중한 자산입니다.

렵습니다. 물론 AI를 활용해 하천 관리 시스템을 고도화 하는 방법도 궁리해야 합니다.

안양천은 우리에게 축복이지만 재앙이 되지 않도록 늘 긴장해야 합니다. 비가 많이 올 때마다 노심초사 하게 되어 안양천변에 나가 보게 되죠. 큰 비가 오기 전에는 하천 주변을 점검하는 일이 우선입니다. 특히 비가 오면 하수구, 도로, 지표면에서 흘러들어오는 오염 물질이 순식간에 하천으로 들어옵니다. 이를 '비점 오염원'이라고 부르는데 이 오염물질은 시민들이 직접 눈으로 확인하기 어려워 더 철저하게 관리해야 합니다.

안양시는 2024년 자료를 포함해 매년 비점 오염원 모니터링을 통해 각 지점의 오염 변화를 확인하고 있습니다. 특정 구간엔 비가 오면 오염 수치가 급증하는 경향이 있어서 별도의 저감시설을 설치하고 배수 체계를 조정하고 있습니다.

안양이 만들어 온 인공지능 시스템을 활용하고 모니터링 체계를 더욱 강화해 실시간 데이터에 기반해 대응하고 오염 저감시설의 추가 확충도 필요합니다. 보이지 않는 곳에서 환경을 지키는 일은 도시 신뢰도를 높이는 가장 기본적인 작업이기 때문입니다.

이렇게 하천을 관리하는 것도 중요하지만 하천은 도시민들의 중요한 생활 여가 공간이기도 합니다. 안양천을 지방 하천으로 전

여름철에는 수시로 안양천을 점검합니다.

환하는 사업도 준비 중입니다. 지방 정원은 시민들의 하천 영유가 더 높아지는데, 자칫 하천을 도구화할 가능성이 높아 세심하게 접근해야 합니다. 안양천 지방정원사업은 안양시 단독이 아니라 산림청에서 주관하는 광역 단위 사업입니다. 의왕부터 안양을 거쳐 서울시에 이르는 안양천의 환경을 시민의 휴식공간이자 생태 환경을 지킬 수 있는 공간으로 정비하는 것이죠.

하천변 식생 확장, 휴식 공간 정비, 보행 안전성 확보 등을 중심으로 진행되고 있습니다. 안양시는 물 순환·하천정비·오염관리 같은 주요 정책들과 함께 안양천을 기후 대응형 수변 공간으로 만드는 데 주력해야 합니다. 시민 이용성, 환경적 안정성, 기후 적응 기능을 모두 고려해 신중하게 추진해 나가야 합니다. 저는 안양이 기후위기 시대에 "준비된 도시"라는 평가를 받을 만큼 많은 기반을 갖추었다고 생각합니다.

사실 이런 기반을 갖추게 된 데에는 큰 희생이 있었죠. 1977년 있었던 77대홍수입니다. 1977년 7월 8일부터 9일 사이, 안양은 단 하루 만에 무려 454.5 mm의 집중호우를 맞았습니다. 수마가 안양천을 넘고 제방을 무너뜨려, 안양 원도심 전체를 수중 도시로 만들었고, 9,439명의 수재민과 257명의 사망·실종자, 그리고 막대한 재산 피해를 남긴 사상 유례없는 재난이었습니다. 안양대교가 무너지고, 각종 다리와 하천 제방이 유실되었으며, 산사태로 주택이 매

●●● 세계 물의 날 기념식에서 하천정화활동에 참여했습니다.

몰되는 등 도시의 근간이 통째로 흔들렸던 그날의 참상은, 지금도 이 도시의 어두운 기억으로 남아 있습니다.

그날의 수난을 헛되게 하지 않으려면 더욱 더 재난에 맞서는 안전한 도시를 만들어야 합니다. 치수책과 도시 설계를 준비하고 있습니다. 77대홍수가 남긴 교훈 위에서 더 이상 물이 재앙이 되지 않도록 해야 합니다. 아직 해결해야 할 과제는 많습니다. 더 늦기 전에 기후 대응 체계 완성을 위해 출발해야 합니다. 예를 들면 이런 것들입니다.

물 순환 체계를 도시 전체로 확장하여 폭우·가뭄 모두에 대응하는 구조를 만들고, 하천 안전망을 재점검하고, 취약 구간을 체계적으로 보강해야 합니다. 오염 관리 체계를 실시간 데이터 기반으로 고도화하여 탄소중립 목표를 실질적으로 이행하는 생활 기반을 만들어야 합니다. 생태 인프라를 시민의 이용성과 기후 대응 모두를 충족시키는 방향으로 재편할 필요가 있습니다. 도시의 기후대응 능력은 어느 한 순간에 갖춰지는 것이 아니라 축적된 시간과 지속적인 관리가 필요합니다.

••• 안양천 생태이야기관은 안양의 생태를 기록하고 보존하는 교육을 진행합니다.

보이지 않는 기반이 도시를 지킨다

도시를 운영하다 보면 눈에 보이는 변화보다 더 중요한 것이 보이지 않는 곳에서 작동하는 안전망이라는 사실을 자주 실감합니다.

보통 우리는 평소에는 하수관을 지나치는 물의 양을 알지 못하고, 폭우가 쏟아지기 전까지 어떤 배수구가 막혀 있는지도 알지 못합니다. 식당에서 하루 동안 버려지는 음식물 쓰레기가 어디에서 어떻게 처리되는지도 대부분 알기 어렵습니다. 공장에서 사용되는 화학물질의 양이나 대기 중 악취 배출량 같은 문제도 정상적으로 작동할 때는 느껴지지 않습니다. 하지만 바로 이 보이지 않는 영역이 도시의 안전과 지속가능성을 결정합니다. 안양시는 이 보이지 않는 영역을 어떻게 관리할 것인지 기반을 만들어 왔습니다. 이제 그 체계가 점점 형태를 갖추고 있습니다. 이제 관리 영역을 조금 더 스마트하게 끌어올리면 안양은 기후위기 시대에도 흔들리지 않는 도시로 자리잡게 될 것입니다.

자원순환은 도시의 건강을 지키는 가장 기본적인 구조입니다. 일상 속에서 배출되는 모든 것이 도시의 안전을 결정합니다. 기후위기 시대에는 도시가 배출하는 쓰레기와 자원을 어떻게 다시 순환시키는가가 도시 경쟁력을 좌우합니다. 쓰레기를 줄이면 단순히 비용이 줄어드는 것이 아니라 탄소 배출도 줄고, 에너지 소모도 줄고, 나아가 도시의 환경 안전 수준이 높아집니다.

안양시는 순환경제를 도시 운영의 중심축으로 두고 여러 해 동안 필요한 정책 기반을 구축해 왔습니다. 이 과정에서 가장 중요한 변화는 도시가 내가 버린 것을 어떻게 처리하는가를 데이터로 확인할 수 있는 구조를 만드는 것이었습니다.

그 대표적인 정책이 음식물 RFID 종량제 확대입니다. 안양시는 2029년까지 RFID 음식물 종량기 900대 설치를 목표로 하고 있습니다. 이 장비는 음식물 쓰레기를 처리하면서 동시에 각 가구와 건물의 배출량을 기록하고 배출량을 줄인 만큼 혜택이 돌아가도록 설계된 순환경제의 출발점입니다. 이미 설치된 지역에서는 세대당 평균 배출량이 감소하고, 음식물 쓰레기 처리 비용이 절감되는 효과가 나타나고 있습니다. 음식물쓰레기봉투를 사지 않아도 되는 게 가장 편리하다고들 하죠. 그래서 참여도 높습니다. 이 작은 변화

●●● 생활속 탄소중립 실천을 위한 과대포장 안 받고, 안 사기 챌린지.

는 장기적으로 탄소 배출 관리를 포함해 도시 전체의 환경 비용을 줄이는 데 큰 힘이 됩니다. RFID 시스템을 고도화하면 은 데이터 기반의 순환 관리 체계로 완성할 수 있습니다.

이와 더불어 안양시에서 이제 완전히 자리잡은 네프론, AI 자원회수기기가 있죠. 하루종일 끊임없이 시민들이 줄을 서서 이 자원회수기기를 이용하고 있습니다. 이제 어린이부터 어르신까지 전연령층의 시민들이 이용하고 있습니다. 처음 도입할 때는 얼마나 가겠느냐, 여러 곳에서 시도했지만 실질적으로 효과가 없었다는 비판도 있었습니다만, 우리 안양시는 시민들의 적극적인 참여로 기술이 순환경제를 강화한다는 것을 보여 줬습니다.

기후위기를 염려하는 시민의 의식을 바탕으로 적극적으로 참여하는 시민들의 손길을 모아 기술이 함께 작동한 결과입니다. 자원이 고품질로 회수되고 불필요한 폐기물 발생을 억제하는 효과를 누리고 있습니다. 이 기기는 재활용품의 오염 여부를 자동 판단하고 분류해 폐자원 품질을 크게 높입니다. 이 시스템은 배출-수거-처리의 전체 흐름을 최적화해서 생활 기반 순환 시스템을 완성할 준비가 되었습니다.

안양의 순환경제 체계는 이제 버린 뒤의 과정을 도시가 책임지고 관리하는 단계로 나아가고 있습니다. 따라서 준비중인 업사이클센터를 주목할 필요가 있습니다. 순환경제가 도시의 문화가 되고 기술로 완성하면서 시민들의 문화와 인식이 함께 형성될 것입니다. 우리 시는 이미 시민들의 의식이 높아서 하드웨어만 들어오면 됩니다. 자원순환 교육장, 업사이클 공방, 제로 웨이스트 숍, 재사용 재료 실험 공간, 시민 체험 프로그램이 들어설 예정인데, 이건 보통 다른 시에서도 모두 하고 있는 내용입니다. 스마트 안양은 한 단계 더 나아가야 합니다. 기후위기에 대응할 수 있는 플라스틱 대체 소재 개발이나, 친환경 포장재 개발 사업으로 발전할 수 있습니다. 우리가 버린 쓰레기를 우리가 스스로 재사용하는 도시로 탈바꿈하게 만들면서 전 시민이 기후위기를 함께 대응하는 하나의 문화를 만들어 나가길 바랍니다. 도시가 자원을 회수하면서 동시에 새로운 산업의 원료를 확보할 수 있기 때문이죠.

순환경제를 국제 기준으로 보면 자원뿐 아니라 에너지 흐름의 순환까지 포함합니다. 안양은 이 점에서 이미 중요한 첫걸음을 내디뎠습니다. 하수처리장에서 발생하는 메탄가스를 회수해 바이오가스로 전환하는 사업, 하수 처리수 재이용을 통해 온실가스를 감축하고 에너지 소비를 줄이는 구조, 환경 기초 시설의 에너지 자립화 체계는 도시가 스스로 에너지 회복력을 높이는 과정입니다.

●●● 어린이들에게 자원회수기기를 설명하고 함께 이용해 봤습니다.

2026년부터 전기요금이 지역별로 차등화됩니다. 전기를 생산하는 지역은 보다 싸게, 다른 지역에서 가져오는 곳은 조금 더 비싸게 받겠다는 겁니다. 따라서 에너지 자립은 다음 시대의 화두가 될 것입니다. 공공시설의 에너지 자립 비율을 확대하고, 산업단지 에너지 효율화를 위해 AI를 기반으로 일단 에너지 진단 서비스를 실행할 필요가 있습니다. 아직도 턱없이 모자란 신재생에너지 기반시설을 확대해야 합니다. 신재생에너지 기반시설 확충은 안양처럼 생활기반 도시에서 빠르게 에너지를 확보할 수 있는 방법입니다. 정부기조도 이와 같습니다. RE100 기업을 위한 도시 지원체계 구축은 경기도와 함께 해내야 합니다. 기초지방정부에서 모든 것을 감당하기엔 어려움이 있습니다. 그러나 광역지방정부의 도움을 받기 전에 안양이 먼저 에너지를 스스로 만들어 내고 관리하는 도시가 된다면 기후위기 속에서도 더 안정적으로 운영될 수 있지 않을까요? 그리고 이 기반이 바로 탄소제로 시대를 살아가야 할 기업이 안양을 선택하는 이유가 됩니다.

도시가 안정적으로 성장하려면 화학 물질·대기·악취 같은 눈에 보이지 않는 위험부터 확실하게 관리해야 합니다. 안양은 「화학물질 안전관리계획」을 통해 취급량이 많거나 사고 위험이 있는 시설을 분석하고 관리체계를 마련해 왔습니다. 도시는 안전해야 기

●●● 안양시 찾아가는 에너지의 날 '불을 끄고 별을 켜다' 행사 참석.

업도 시민도 믿고 살아갑니다. 위험 물질 취급 사업장 현황을 정밀 조사하고, 화학 사고 대비·대응 매뉴얼 구축하고, 정기 점검 및 공정 개선을 지원하며 시민 알권리를 보장하고 있는데요. 데이터기반으로 화학물질 사고를 선제적으로 예방할 수 있는 체계는 갖춰두었습니다.

생활 환경을 지키는 가장 현실적인 정책은 바로 대기와 악취입니다. 과거 안양천은 한강 지류 중에 가장 오염된 하천으로 악명이 높았습니다. 안양에 오래 사신 분들은 아직도 그 악취를 기억하고 있습니다. 이러한 오명을 벗은 것은 모두 시민의 힘이었습니다. 안양천 살리기 운동을 통해 안양은 기적을 만들어 냈습니다. 이러한 시민들의 노력을 헛되이 하지 않기 위해 배출 시설을 정기적으로 점검하고 비산 먼지를 관리하고 있습니다. 야간 악취 민원 대응 시스템도 있습니다. 이 시스템은 시민 참여와 기술 기반 측정이 결합된 구조겠죠. 시민들이 신고하거나 알려 주지 않으면 모두 파악하기 어렵습니다. 안양시는 이제 도시가 스스로 환경 품질을 점검할 수 있는 단계까지 왔습니다.

안양시 자원순환의 대표적인 곳은 열병합 발전소입니다. 안양시가 전국 최초로 시행한 열병합 발전소 민·관·전문가 합동검증위원회는 도시가 환경 문제를 어떻게 다루어야 하는지 투명한 모범 사례를 제시했습니다.

이러한 순환경제가 기업 성장과 연결되면 그게 바로 도시의 힘입니다.

안양시에 있는 오아페(OAFE)라는 기업을 소개해 드릴까 합니다.

이 기업은 생분해성 플라스틱 소재(OAFE-BIO)를 개발하며 성장했고 안양시의 창업 펀드 초기 투자와 안양산업진흥원의 지원을 통해 기술·사업화 기반을 확립했습니다. 오아페는 순환경제라는 큰 시대 흐름 속에서 생활 폐플라스틱을 대체할 친환경 소재를 만들었습니다. 커피박, 왕겨 등에서 플라스틱을 대체할 새로운 소재를 만들었습니다. 순환경제 기반 산업을 더욱 적극적으로 지원한다면 환경과 기업이 함께 성장하는 도시 모델이 완성되겠지요.

순환경제는 도시의 미래 경쟁력입니다. 순환경제는 이제 환경보호라는 단어로만 설명할 수 없습니다. 쓰레기를 줄이고 자원을 아끼는 일은 도시의 비용을 줄이고, 산업을 지속 가능하게 만들고, 시민의 삶을 쾌적하게 만들며, 기후위기에도 도시가 버틸 수 있는 힘을 키웁니다.

앞으로 안양시는 이 순환경제 시스템을 완성해 환경도 지키고, 기업도 성장하며, 시민도 안전한 도시를 만들어 낼 것입니다. 폐기물 감량, 재활용, 업사이클, 에너지 회수가 기후 대응으로 연결되는 구조가 되겠지요. 자원 순환과 에너지 순환의 통합 체계를 완성하고, 공공시설의 에너지 자립율을 단계적으로 확대하며, AI를 기반으로 환경과 에너지의 관리시스템을 더욱 효율적으로 구축하는 것, 기후 테크, 순환경제 기반의 산업을 육성하면서 시민이 체감할 만한 순환경제 문화가 조성된다면, 안양시의 도시 시스템으로 자리매김하면서 기후위기 시대에 강한 도시가 될 것입니다. 그리고 그 시작은 바로 지금까지 우리가 구축한 이 기반에서 이어질 것입니다.

가끔 안양학 강의를 하면서 청년들을 만나고 있습니다.

미래 도시는 일하기 좋은 도시

도시의 성장은 사람과 산업이 함께 움직일 때 만들어집니다. 기업의 활력은 도시의 경제를 견고하게 만들고, 청년의 도전은 새로운 기술혁신의 토양을 다집니다. 안양은 이러한 변화의 흐름을 도시의 로드맵 안에 정리해 왔습니다.

기업하기 좋은 도시를 위한 기반은 생활 환경과 행정 지원에서 시작됩니다.

앞서 두 분의 시민이 말씀하신 것처럼 기업이 지역에 머물고자 하는 이유는 다양한 요소에서 비롯됩니다. 교통 접근성, 정주 여건, 안전한 생활 환경, 행정 지원의 신뢰도, 지역 내 인재 접근성, 그리고 산업지원 체계가 모두 포함됩니다.

안양은 이 요소들을 조정해 기업이 안정적으로 자리잡을 수 있도록 준비해 왔습니다. 산업 시설만으로 도시 경쟁력을 정의할 수 없기 때문에 기업의 모든 활동이 일상 속에서 자연스럽게 이어질 수 있도록 생활 환경 전반이 함께 변화해야 합니다. 여러분은 스마트폰이 언제 처음 개발됐는지 아시나요? 대부분 2010년에 스마트폰을 샀을 텐데요, 그러면 대체로 2000년대 이후에 스마트폰이 개발되었다고 생각합니다. 사실은 1990년대 후반에 이미 지금의 스마트폰의 기본 기능을 가진 전화기가 나온 적이 있습니다. IBM에서 만든 사이먼입니다. 전화 통화 기능에다가 당시에는 흔하지도 않던 퍼스널 컴퓨터의 몇 가지 기능을 탑재했죠. 그런데 그때는 지금처럼 보편적인 보급을 할 수 없었습니다. 그 이유를 물으면 비싸서, 기능이 지금만큼 다채롭지 않아서라고 생각할 수도 있는데요. 본질적으로는 스마트폰을 들고 다니면서 사용할 만큼의 통신 네트워크가 발달하지 않았으니 모바일의 기능은 없는 셈이었고, PC가 있는데 굳이 작은 화면으로 대체할 필요가 없었던 것이죠. 이와 마찬가지로 아무리 좋은 기술이 있더라도 그 기술을 받아 낼 수 있는 환경이 뒷받침되어야 합니다. 기업과 기술은 절대 혼자 치고 나갈 수 없다는 말입니다.

도시는 일하는 사람이 즐겁게 생활을 지속할 수 있는 정주 환경을 만들어 일할 때는 집중할 수 있고 쉴 때는 평화로운 뒷배가

●●● 안양에서 자리잡은 탄탄한 기업이 지역의 선순환을 책임집니다.

안양산업진흥원 입주기업 간담회.

되어야 합니다. 도심의 회복력이 높아 긴급한 사건 사고가 발생했을 때도 조속히 회복될 수 있어야 하며, 생태·교통 인프라가 유기적으로 인간의 활동을 떠받치며 스스로 성장하고 계발에 힘쓸 수 있도록 교육 자원이 풍부해야 합니다.

일하기 좋은 도시를 위해 안양에서 준비해 온 것들은 이런 것들입니다. 기술 기업과 청년 기업을 연결하는 안양산업진흥원이 있습니다. 안양산업진흥원은 지역 산업을 뒷받침하는 핵심 기관입니다. 이제 어느 정도 기초를 다져서 누군가 사업을 시작하려고 하거나 어려움을 겪으면 '산업진흥원에 가 보라'고 서로 권유하는 정도가 되었습니다. 수많은 기술기업과 스타트업이 이 기관을 통해 기술개발·마케팅·글로벌 진출·인력 확보 등의 지원을 받으며 성장 경로를 확보했습니다.

안양시는 기업의 초기 기술개발비 지원, 지식재산권 확보 지원, 창업기업 IR 프로그램, 청년 창업 특례보증, 창업공간 제공, 인재 유지 환경 강화를 위한 근로자 기숙사 임차비 지원, 수요 맞춤형 멘토링 및 컨설팅, 글로벌 진출 및 해외 시장조사 지원 등 큰 틀의 지원체계를 만들어 놓고 있습니다. 이 구조는 지역 기업의 성장 속도를 높이고 청년 창업자가 한 번의 실패에도 다시 도전할 수 있는 흐름을 만들었습니다. 앞으로는 기업의 성장 전 과정에 연속적으로 적용되는 체계로 완성할 필요가 있습니다.

2018년부터 주력해 온 청년정책에는 청년 기업 생태계 형성에도 중점을 두었습니다. 이는 도시의 미래를 결정하는 중요한 자산이기 때문이죠. 청년 기업들의 욕구에 맞춰 시제품 제작비, 마케팅비, 멘토링·법무·재무 자문, 청년 창업 보증, 창업 공간 제공, 글로벌 진출 교육 등 복합적 지원이 결합된 시스템이 준비되어 있습니다. 청년 창업자는 사업 초기의 불확실성을 줄일 수 있고, 기술 기업은 확장 단계에서 연계 지원을 받으며, 도시 전체의 산업구조는 점진적으로 다양해지고 안정성을 얻게 됩니다.

앞서 서술한 AI 기술혁신은 행정에 접목해 똑똑한 도시로 만드는 과정도 있지만 도시의 산업 구조를 한 단계 확장시키는 기반 기술의 토대 역할도 합니다.

AI 기술은 생산성과 효율성을 동시에 높일 수 있는 도구입니다. 행정이 AI기술을 앞서 도입하고 이를 떠받치는 산업을 지원하면서 AI 기술을 집약하고 바로 적용하는 도전이 필요합니다.

안양은 「4차산업혁명 촉진 종합계획(2025-2029)」을 바탕으로 AI·바이오·기후 기술이 결합된 산업 생태계를 구축하기 시작했습니다. 전략의 핵심은 다음과 같은 흐름으로 정리됩니다.

AI 기반 환경데이터 분석 기술 육성, 산업단지의 에너지 사용 효율화, RE100 참여 기업 지원, 기후 특례 보증과 녹색 대출 등의 기후금융 확대, 기후테크 기업 육성, 바이오헬스·의약 AI 기술 지원, 청년 기반 기술기업 집중 육성을 시작했습니다. 2050년까지의 탄소 배출량 0를 달성하자는 국제사회의 협약에 발맞추어 지역 기업의 경쟁력을 높이고 도시 전체의 기후 대응 역량을 함께 강화해야 합니다.

안양시에 위치한 파로스아이바이오는 AI 기반 신약개발 기업으로서 안양의 초기 창업 지원과 성장 지원 구조 속에서 기술 고도화에 성공한 기업입니다.

설립 초기 단계에서 안양시 창업펀드의 투자를 통해 연구·개발 기반을 마련했고 안양산업진흥원의 기술 지원·기업 연계 프로그램을 거치며 기업의 성장 기반을 확고히 만들었습니다. 이후 꾸준한 기술 축적과 인공지능 플랫폼 고도화로 국내외 투자사와 시장에서 주목받았고 2022년 코스닥 상장을 이루어냈습니다.

이 과정은 안양이 기술 기업을 성장시킬 수 있는 도시라는 사실을 명확하게 보여 주는 사례라고 생각합니다. 비슷한 기반을 가진 기업들이 안양에서 더 많이 성장할 수 있도록 현재까지의 지원을 수시로 점검하며 산업 지원 체계를 더욱 정교하게 다듬어 나가

●●● 산업진흥원에서 기업들의 고충과 성장스토리를 들었습니다.

야 합니다.

기업이 도시를 선택할 때는 단 한 개의 정책으로 결정하진 않겠지요. 도시 전체의 구조가 안정적이어야 합니다. 기업 운영은 언제 어디서 변수가 생길지 모르기 때문에 적어도 자리 잡고 있는 곳의 최소한의 공급망이라도 확실해야 합니다. 또한 성장할 수 있는 기회와 환경이 보장되어야 하는데 이러한 기회는 기업가들과 지역이 얼마나 원활하게 소통할 수 있느냐에 달려 있기도 합니다.

안양이 그간 이뤄 온 것을 절대 놓치지 말고 일관성 있게 정책을 밀어붙여 선순환이 일어나는 생태계로 연결되어야 합니다. 그렇게 해야 도시의 산업구조가 안정화되고 이를 기반으로 성장할 수 있습니다.

6장

다음 안양은 준비된 도시입니다

"이 도시의 다음 문장은, 시민의 몫입니다."

안양이라는 도시는 한 세기의 시간을 지나오며
성장과 침체, 산업화와 신도시 개발, 민주주의의 위기와 회복을
함께 겪어온 하나의 생명체였습니다.
철도와 공장, 아파트와 교통망, 스마트시티와 기후대응,
시민자치와 생활민주주의까지, 안양의 역사는 곧 시민이 스스로
도시를 다시 짓고 다시 일으켜 세운 이야기입니다.
이제 우리는 흩어져 있던 시간과 정책, 기억과 실천을
하나로 꿰어 도시의 다음 장을 써야 합니다.
안양이라는 무대는 이미 차려졌습니다.
이 도시의 다음 문장은, 여기서부터 시민이 함께 써 내려갈 것입니다.

안양이라는 도시의 생애

사람의 시간은 길어야 백년이지만, 도시의 시간은 그 몇 배를 품고 있습니다. 도시가 품은 건축물과 도로, 생활과 산업의 흔적은 세대를 건너 다음 세대에게 그대로 전달됩니다. 도시를 이야기할 때마다 늘 마음 한편이 무거워집니다. 오늘 우리가 선택한 일이 20년, 30년 뒤의 안양을 결정짓기 때문입니다.

안양이라는 도시를 가만히 들여다보면, 이 도시도 마치 한 사람처럼 성장과 침체, 회복과 결심을 반복해 온 것처럼 느껴집니다. 1905년 경부선 철도가 이곳을 지나갔을 때, 안양은 한순간에 '작은 마을'에서 '도시의 형태'를 갖추기 시작했습니다. 사람이 모이고, 공장이 들어서고, 일터가 생기고, 삶의 흐름이 만들어지면서 이 도시의 첫 번째 시간이 시작되었습니다. 많은 어르신들의 입을 통해 그 시기의 에너지를 느낀 적이 있습니다.

“사람이 넘쳐났어. 공장이 밤새 불을 켜 놓고 돌아갔지. 새벽 첫 차부터 출근하는 사람들로 가득했어.”

그 말 속에는 도시가 한창 성장하던 시절의 기세와 활기가 그대로 담겨 있었습니다.

안양은 모양을 바꾸며 성장해왔습니다. 처음 중심은 지금의 만안구 일대였습니다. 철도를 따라 공장이 자리했고, 작은 가게들이 늘어나며 상권이 형성됐습니다. 만안구의 안양일번가, 중앙시장 일대가 바로 그 흔적을 그대로 품고 있습니다.

두 번째 중심 이동은 평촌 신도시 개발로 이루어졌습니다. 계획도시로서의 평촌은 학교·주거·관공서·문화 시설이 균형 있게 배치된 대한민국 도시 계획의 대표적인 사례로 평가받습니다. 많은 시민들이 ‘아이를 키우기 좋은 곳’이라고 말해 주신 것도 이곳의 설계와 공간 구조가 지닌 힘 때문입니다.

그리고 지금, 세 번째 중심축은 관양동–인덕원으로 이어지는 새로운 삼각형의 꼭짓점에 자리하고 있습니다. GTX-C, 인덕원동탄선, 월곶판교선, 4호선이 교차하는 대한민국 수도권의 핵심 교통 거점으로 떠오르고 있으며 지식산업센터, 신산업 기업들이 자리 잡으며 도시의 젊은 에너지가 이 주변을 중심으로 빠르게 움직이고 있습니다.

이렇게 만들어진 '안양의 작은 삼각형'이 오늘 이 도시를 지탱하고 있는 구조입니다. 저는 시장으로서 이 삼각형이 이미 완성된 것이 아니라 더 크게 확장되어야 한다고 생각합니다. 도시의 시간은 멈추지 않기 때문입니다. 안양의 지형은 좁지만, 주어진 공간을 넓게 쓸 수 있는 것은 바로 사람의 힘입니다.

●●● 도시의 곳곳은 모두 시민들이 지키고 있습니다.

시장으로서 느끼는 '도시의 무게'

시장으로서 일하다 보면 도시를 단순한 공간으로만 바라볼 수 없습니다. 도시는 시민의 시간, 시민의 문제를 담는 그릇입니다. 도시계획·교통정책·복지정책은 결국 사람이 일하고 쉬고, 아이를 키우고, 가족과 시간을 보내는 방식에 직접적인 영향을 미치는 결정입니다.

한 번은 이런 적이 있습니다. 교통 정체로 어려움을 겪는 시민 한 분이 저에게 이렇게 말했습니다.

"시장님, 길이 막히니까 삶이 막힌 것 같아요."

그분의 말 속에는 도시행정의 본질이 고스란히 담겨 있습니다. 도시는 사람의 일상이기 때문에 행정은 일상을 지키는 기술이어야

●●● 1988년 그린힐 봉제 공장 화재사건처럼 안타까운 역사도 모두 우리의 것입니다.

합니다. 저는 도시 문제를 볼 때마다 단순히 도로 용량이 부족하다거나 도시 계획을 조정해야 한다와 같은 기술적인 판단만 하지 않습니다. 그보다는 "이 결정이 시민 한 사람의 삶에 어떤 변화를 줄까?"를 먼저 생각합니다.

도시는 행정가의 관점으로만 보면 안 됩니다. 도시를 살아가는 사람의 관점으로 보아야 비로소 '도시의 시간'이 제대로 보입니다.

민주주의와 도시 행정은 분리될 수 없습니다. 많은 분들은 지방정부는 행정을 하고 정치는 중앙정부가 하는 것이라고 생각하십니다. 그러나 제가 시장으로 일하는 동안 수없이 깨달은 사실이 있습니다. 정치는 도시행정과 완전히 분리될 수 없습니다.

인구 구조의 변화, 기후위기 대응 수준, 국가의 경제 정책, 중앙정부의 행정 역량 모두가 고스란히 지방정부의 일상 업무로 흘러들어옵니다.

정치가 흔들리면 경제가 흔들리고, 경제가 흔들리면 지방정부가 흔들리고, 지방정부가 흔들리면 가장 먼저 시민의 삶이 흔들립니다.

이것이 지방정부가 민주주의의 문제에 결코 침묵할 수 없는 이유입니다.

저는 이 사실을 2024-2025년 대한민국이 겪은 위기의 시기에 더 깊게 체감했습니다.

민주주의가 흔들리던 그 시기, 시민분들이 저를 찾아와 가장 많이 했던 질문은 정치 비판이 아니었습니다.

"시장님, 나라가 너무 불안해 보입니다. 안양은 괜찮을까요?"

저는 그 질문을 받을 때마다 마음이 무거웠습니다. 그 질문은 정치적 질문이 아니라 도시의 시간, 도시의 안전, 도시의 미래를 묻는 질문이며, 우리의 시간, 우리의 안전, 우리의 미래를 묻는 질문이니까요.

그때 저는 스스로에게 다시 되물었습니다.

"이 도시가 다음 세대에게 어떤 모습을 남겨야 하는가."

그 질문이 박달 스마트 시티, 호계 스마트 자족 도시, 인덕원 컴팩트 시티, 그리고 도시 전체를 잇는 교통·스마트 도시 전략을 새롭게 시작하게 만든 힘이 되었습니다. 민주주의 위기 앞에서 행동할 수밖에 없었던 것도 안양이 제게 던진 질문 때문이었습니다.

지방의 목소리를 내다

저는 시장으로 일하면서, 중앙정치와 지방행정의 거리가 생각보다 훨씬 가깝다는 사실을 매일 느꼈습니다. 민생경제가 흔들리면 그 여파는 곧바로 지역으로 내려옵니다. 정책 결정이 지연되면 지방의 행정집행도 함께 흔들립니다. 국가적 위기 상황에서는 시민들의 불안이 가장 먼저 지방정부에 집중됩니다. 지역의 목소리를 중앙정치에 직접 전달해야 할 때도 되었습니다. 2024년 여름의 국정은 극도로 흔들리고 있었습니다. 여러 날 고민 끝에 저는 2024년 7월 4일, 더불어민주당 최고위원에 출마했습니다.

지방정부의 장이 당 지도부에 도전하는 일은 쉬운 선택이 아니었습니다. 그러나 민주주의가 흔들리고, 국가 운영에 대한 시민의 불안이 커지는 시기에 지방정부가 더 이상 행정의 울타리 안에만 머무를 수 없다는 생각에 도전을 결심했습니다.

출마 발표 후 제가 가장 먼저 간 곳은 광주였습니다. 2024년 7월 9일, 저는 국립 5·18민주묘지를 참배하며 선거운동의 첫 일정을 시작했습니다. 5·18 묘역 앞에 섰을 때 저는 마음이 많이 무거웠습니다. 전국 단위 정치 도전의 첫걸음을 왜 광주에서 시작해야 했는가. 그 이유는 단순했습니다. 민주주의가 위기에 처한 시기에, 정치인의 첫걸음은 반드시 민주주의의 근본에서 시작해야 합니다. 묘역의 이름 하나하나를 바라보며 저는 이렇게 다짐했습니다.

"광주의 정신을 훼손하는 어떠한 정치에도 침묵하지 않겠습니다. 그 정신을 지키기 위해 출마했습니다."

●●● 지방의 목소리가 중앙에 더 빠르게 잘 들려야 합니다.

그날 저는 출마라는 정치적 행위가 아니라 제 삶의 방향을 다시 확인하는 시간을 보냈습니다.

제가 출마 선언에서 내건 슬로건은 “당원의 정책을 당의 정책으로”였습니다. 자치분권 시대 지방정부 수장으로서 당원 주권을 강화하고 정당을 혁신하는 일의 맨 앞에 서기로 한 것입니다.

제가 시장으로 일하며 경험한 정치의 구조적 문제에 대한 답이었습니다. 저는 매일같이 현장에서 당원들과 시민들이 이야기하는 문제를 듣습니다. 지방정부에서 해결하려고 해도 최종 결정은 중앙정치에서 막히는 일이 잦습니다.

“당원들의 목소리가 왜 당의 정책이 되지 못하는가?”

저는 그 질문을 들을 때마다 정당이 진정한 의미에서 민주적 조직이 되려면 당원들이 체감하는 현실, 지방에서 먼저 나타나는 변화와 위기, 시민의 직접적 요구가 당 정책 과정에 연결되어야 한다고 느꼈습니다.

기초지방정부의 장이 당 지도부에 서는 모델이 한국 정치에서 잘 보이지 않았던 것도 사실입니다. 그러나 저는 오히려 그 점이 제가 도전해야 할 이유라고 생각했습니다.

당의 결정 구조를 지방의 감각과 시민의 현실로 새롭게 채워 넣어야 합니다. 제가 그 역할을 해보고 싶었습니다.

지방정부의 경험은 정치적 자산입니다. 특히 김대중 대통령이 부활시킨 지방자치제는 전 국토를 균형있게 발전시키고 궁극적으로 모든 국민의 삶을 평등하게 만들고자 하는 민주주의 실천입니다. 제가 최고위원 도전을 하며 토론회와 언론 인터뷰에서 강조했던 것 중 하나가 바로 지방정부 경험의 가치였습니다.

지방정부는 국회보다 더 직접적이고, 중앙부처보다 더 즉각적이며, 당보다 더 치열하게 시민 삶에 맞닿아 있습니다.

복지 사각지대의 생생한 현실을 마주치며 주민 갈등이 생기면 조정해내고, 교육·교통·환경·안전 문제를 매번 현장에서 만납니다. 청년기업과 지역산업 성장의 장단점도 매일 느낍니다. 기후위기 대응의 실제 한계는 지역에서 고착되고, 민생경제가 흔들릴 때 현장이 가장 고통스럽습니다.

이 모든 것을 지방정부는 매일, 그리고 가장 먼저 마주합니다. 정당정치는 종종 국회와 중앙무대 중심으로 흘러가지만, 국가의 실제 모습은 항상 지역에서 먼저 나타납니다. 저는 이 간극을 좁히고 싶었습니다. 그것이 '생활 민주주의'를 강화하는 길이고, 정당 민주주의를 회복하는 길이라고 믿었습니다.

최고위원 도전은 저의 개인적 욕심이 아니었습니다. 시장으로서 경험이 풍부한 제가 할 수 있는 역할이며 선배로서 해야 할 일이라고 생각했습니다. 많은 분들이 제게 물었습니다.

"시장님, 국회의원도 아닌데 왜 최고위원에 나가십니까?"

저는 그 질문에 항상 같은 답을 드렸습니다.

"제 도전은 개인이 아니라 지역의 요구입니다."

저는 안양에서 당원들과 시민들의 정치적 요구를 꾸준히 들었습니다. 민주주의 위기로 인한 불안, 중앙정치에서 보이는 민주주의 붕괴, 생활정치에서 필요로 하는 개선책. 이 모든 문제가 중앙의 결정을 거쳐야 실행될 수 있습니다. 그런데 중앙의 구조는 지방의 요구를 반영하기에 충분히 열려 있지 않았습니다. 도전은 저 한 사람을 위한 것이 아니라 앞으로 지방정부에서 시작될 변화의 흐름을 중앙정치로 이어 붙이기 위한 시도였습니다. 제가 최고위원 예비경선을 통과하지 못했지만 앞으로 더 많은 지방의 현역들이 중앙정치에 도전하길 바랍니다. 지방의 목소리를 중앙에 들리게 하는 일 자체가 이미 큰 의미를 갖고 있다는 걸 느꼈습니다.

다시 강조하자면 한국 정치는 지역에서 출발해야 합니다. 지방정부가 서 있는 자리에서 출발해야 합니다. 민주주의는 생활 속에서 다시 시작해야 합니다. 더 좁게는 마을에서 시작되어야 합니다. 이 생각은 지금도 변함 없습니다.

민주주의의 위기를 마주하다

2024년 12월 3일 밤 10시 27분경, 대통령이 비상계엄을 선포했다는 언론 속보가 전해졌습니다. 그 순간 저는, 이 사태가 단순한 정치적 논란을 넘어 대한민국 전체의 질서를 흔드는 중대한 조치라는 사실을 누구보다 분명하게 인식했습니다.

비상계엄은 지방정부의 일상을 포함해 행정·치안·사회 전반에 영향을 줄 수 있는 결정입니다.

대통령이 직접 화면에서 비상계엄을 선포하자 제 귀와 눈을 의심했습니다. 비상연락망을 통해 이게 무슨 일인지 파악하면서 뜬눈으로 밤을 샜습니다. 다음날 해가 뜨기 훨씬 전에 출근해 대책회의를 시작했습니다.

시민들은 불안에 떨었습니다. 밤새 국회로 달려간 시민들과 국회의원들 덕분에 비상계엄은 해제되었지만 언제 또 다시 계엄을 시도할지 알 수 없었습니다. 대통령의 막강한 권한은 2차, 3차 비상계엄도 충분히 가능했기 때문입니다. 군부독재시절의 끔찍한 기억이 떠올랐습니다. 시장으로서의 책임감이 무겁게 저를 짓눌렀습니다. 이 작은 도시에서 우리는 무엇을 할 수 있는가.

2024년 12월 14일, 저도 시민들과 함께 국회 앞에서 탄핵소추안 통과를 기다렸습니다.

비상계엄 이후 전국 곳곳에서 대통령 퇴진과 탄핵을 요구하는 목소리가 커졌습니다. 시민들이 비상계엄 이후 첫 주말에 여의도로 몰려나간다는 소식을 듣고 저도 여의도로 향했습니다. 뜨거운 인파. 불과 몇 년 전에도 대통령을 탄핵했는데 같은 일이 반복되었습니다. 그럼에도 불구하고, 그럴 때마다 이 나라의 민주주의를 지키겠다는 사람들이 광장을 매웠습니다. 젊은 여성들이 눈에 띄였습니다. 구호를 외치는 목소리의 결도 달라졌습니다. 내가 할 수 있는 일을 하자. 절대 침묵해선 안 된다고 결의를 다졌습니다. 이렇게 수많은 국민들이, 오직 민주주의를 위해 여의도 칼바람을 무릅쓰고 나오다니요.

탄핵소추안 통과 이후 신속한 탄핵 재판을 위해 헌법재판관의 공석을 채워야 했으나 한덕수 권한대행 체제에서 모든 것이 지지부진 했습니다. 국가의 위기이며 민주주의의 위기였습니다. 이 상황이 지속되면 민생은 무너집니다. 그 민생은 바로 우리 안양시민들이 각자 떠맡아야 하는 부담이었습니다. 시장으로서 시민의 안전과 민주적 권리를 지키기 위해 탄핵 촉구 1인 시위에 나섰습니다.

탄핵은 국가 수반에게 책임을 묻는 가장 엄중한 절차입니다. 저는 지방정부가 정치적 중립을 이유로 아무런 입장도 내지 않는 것이 오히려 시민의 불안을 방치하는 일이라고 여겼습니다. 행동하지 않는 것이 중립이 아니라 방관이 되는 순간이 있습니다. 저는 민주주의를 수호하는 마음으로 선출직에 도전했고, 김대중과 노무현의 정신을 지키겠다고 결심했던 사람입니다. 침묵은 아무 짝에도 쓸모가 없는 시간이었습니다. 팻말을 목에 걸고 안양역에 나가자 중립을 지켜야 할 시장이 과잉 행동한다는 비난도 있었습니다. 그러나, 민주주의에 중립이 어디 있습니까? 그 상황에서의 중립은 계엄에 대한 옹호일 뿐입니다.

시위 중인 저에게 따뜻한 악수를 청한 시민도 많았습니다. 시장이 직접 나서 주니 든든하다고도 하셨습니다.

"시장님, 감사합니다. 말하기 어려운 시기에 그 어려운 말을 대신해 주셨네요."

첫 번째 탄핵소추안이 국회에서 통과되지 못한 그 주에 저는 집무실에 있던 국정과제 액자를 내렸습니다. 대한민국의 헌정질서와 민주주의가 심각하게 위협받는 위기상황이었습니다. 위법적 비상계엄은 내란행위입니다. 헌법과 법치주의를 훼손한 윤석열 정부의 행태는 국민의 기본권과 민주주의 가치를 부정한 것입니다. 윤석열 정부는 국정운영의 정당성과 권위를 상실했습니다. 국민을 통치할 권한이 없는 것이죠. 저는 헌법적 가치를 지키기 위해 국민적 저항에 동참하기로 했습니다. 이 내용은 SNS에 게시했고 안양시를 위해 민주주의를 지키고 부당한 권력 행사를 단호하게 거부하기로 했습니다.

••• 안양에서는 시민사회가 여는 집회에 참여했습니다.

비상계엄 사태의 충격이 지나간 뒤

에도 헌법기관의 공백에 대한 논란은 이어졌습니다. 12월 20일부터는 헌법재판관 임명 촉구 1인 시위를 시작했습니다. 헌법기관의 기능이 정상적으로 작동해야 지방정부의 행정 역시 안정적으로 운영될 수 있기 때문입니다. 헌법재판소의 구성은 정치적 쟁점이 아니라 행정과 법 집행의 기반이 되는 문제입니다. 그 공백이 길어지는 상황은 지방정부의 정책 집행에도 영향을 줄 수 있습니다.

2024년 12월 이후의 사태를 지나오며 저는 지방정부가 행정만 담당하는 조직이라는 오래된 인식을 더 이상 유지할 수 없다는 사실을 확인했습니다.

비상계엄, 탄핵 논란, 헌재 공백 논란 등 국가적 위기가 발생하면 그 충격은 가장 먼저 지역의 일상으로 흘러옵니다. 시민이 불안하면, 지역 사회는 혼란해지며, 행정 집행이 불확실해집니다. 위축된 민생경제는 추락할 수 밖에 없습니다.

그래서 지방정부는 민주주의의 위기 앞에서 정치적 이유로 입장을 숨기거나 방관할 수 없습니다. 저는 시장이라는 직책이 단순한 행정의 자리가 아니라 시민을 대신해 민주주의의 최소한을 지키는 책임의 자리임을 그 시기 가장 깊이 느꼈습니다.

●●● 민주주의는 시민의 힘으로 완성됩니다.

안양의 구조를 다시 짓다

도시를 바꾼다는 것은 결국 '다음 세대의 시간을 바꾸는 일'입니다.

지방정부는 미래를 설계해야 합니다. 지금 우리가 내리는 결정은 오늘의 시민을 넘어 아직 태어나지 않은 세대에게 영향을 미칩니다.

안양은 도시의 역사가 길고, 공업과 철도, 신도시 개발의 역사를 품고 있습니다. 하지만 그만큼 구조가 오래되어 다음 세대로 넘어가기 위한 재구조화가 필요한 시기가 찾아왔습니다. 변화를 위해, 도시의 한계를 넘어서기 위해서는 반드시 공간 구조 자체를 다시 짜야 한다는 결론에 이르렀습니다. 그렇다고 한꺼번에 다 갈아엎을 수도 없습니다. 이미 살고 있는 시민들이 자기 생활을 유지하며 안양을 떠나지 않을 수 있도록 안양의 미래를 결정지어야 합니다. 이를 위해 세 가지 공간적 축, 즉 박달·호계·인덕원을 중심으로 도시 구조를 새롭게 재편하는 전략을 추진했습니다.

박달 스마트 시티는 닫혀 있던 공간이 열린 도시로 변할 것입니다.

박달동은 오랫동안 군사지역이었습니다. 군시설 보호구역이라는 제한으로 인해 도시 계획에서 손댈 수 없는 지역으로 여겨졌고, 그 결과 도시 서쪽 영역은 수십 년 동안 정체된 구조를 유지해 왔습니다. 또 그만큼 잠재력도 큽니다. 안양천과 가깝고, 광명·안산·

●●● 신안산선 사고 현장을 찾아 안전 또 안전을 당부했습니다.

군포·의왕을 잇는 서남부권의 관문이며, 도시 수변 공간을 확장할 수 있는 산업·주거·공원 조성을 위한 충분한 토지 규모가 있습니다. 이 모든 조건이 박달동이 안양의 새로운 성장 엔진이 될 수 있음을 말해 주었습니다.

그러나 군부대 이전 문제는 지방정부 단독으로 해결할 수 없는 사안입니다. 국방부·국토부·기획재정부와의 긴밀한 협의가 필요했으며, 계획과 조율만 해도 수년이 걸리는 과정입니다. 그럼에도 안양시는 중앙부처와 꾸준히 협의해왔고, 현재 박달스마트시티는 2033년 완공을 목표로 추진되고 있습니다. 박달이 열린다는 것은 도시의 흐름이 바뀌는 일이며, 안양의 서쪽 축이 새롭게 살아나는 역사입니다. 박달동은 안양의 미래 교통·산업·주거 균형을 맞추는 핵심 축이 될 것입니다.

호계 스마트 자족 도시는 국가 시설과 도시의 미래가 조화를 이룰 것입니다.

호계동 일대는 안양과 의왕의 경계이자 수도권 동남부를 잇는 핵심 공간입니다. 이 지역에는 오랫동안 안양교도소가 자리해 있었습니다. 교도소는 국가 시설이기에 이전 문제는 지방정부의 의지만으로 결정할 수 있는 사안이 아닙니다. 법무부, 기획재정부와의 협력이 반드시 필요합니다. 안양시는 이 문제를 도시 미래의 핵심 과제로 판단하고 지속적으로 이전 협의를 했습니다. 2022년, 법무부와 공식적으로 안양교도소 이전 협약을 체결했습니다. 이 과정에서 지역 국회의원들의 협력이 큰 역할을 했습니다. 이 자리를 빌어 다시 한 번 감사드립니다. 안양교도소 이전에 대한 대체 시설 확보 논의가 진행되고 있으며, 대체 시설이 완공되는 시점에 맞춰 현재 부지를 스마트 자족 도시로 전환하는 계획이 추진되고 있습니다. 호계 스마트 자족 도시는 단순한 개발이 아니라 도시권 확장의 동부 축을 완성하는 전략적 프로젝트입니다.

이 지역은 향후 기업도 들어서고 산업 지원 시설과 청년 창업 공간, 미래형 주거 공간과 생활SOC를 아우르는 복합도시로 변화하게 될 것입니다. 박달스마트시티와 함께 안양의 동·서 균형을 맞추는 중요한 축이 될 것입니다.

인덕원 콤팩트 시티는 수도권 핵심 교차점을 바꿔 낼 것입니다.

인덕원은 매우 특별한 공간입니다. 예로부터 사통팔달의 상징이었고 수도권 남부 교통의 핵심이면서도 개발제한구역(GB)에 묶여 오랫동안 제 기능을 하지 못했습니다. 인덕원은 서울과 경기를 잇는 관문입니다. 이 곳이야 말로 안양의 미래를 위해 반드시 풀어야 할 과제입니다.

2021년 6월, 국토부 중앙도시계획위원회에서 인덕원 개발제

●●● 공사현장을 수시로 찾아 진행상황과 안전을 점검합니다.

한구역 해제가 정식 의결되었습니다. 안양시는 중앙정부에 우리 시의 입장을 적극적으로 전달했습니다. GB 해제 이후 인덕원은 GTX-C, 인덕원동탄선, 월곶판교선, 4호선이 교차하는 국가철도망의 핵심 거점으로 자리 잡게 될 것입니다.

이제 인덕원은 단순한 역세권을 넘어 생활·일자리·교통이 압축적으로 결합되는 컴팩트 도시 모델로 개발되고 있습니다. 해외출장을 통해 얻어온 아이디어를 인덕원에 적용하고자 계속 논의하고 있습니다.

인덕원 개발은 안양의 남부 축을 완성하고 도시 전체의 흐름을 바꾸는 매우 중요한 변화입니다.

박달—호계—인덕원, 도시 전체를 재구성하게 됩니다. 이 세 지역을 지도 위에 올려놓고 보면 하나의 대형 삼각형이 만들어집니다.

서쪽의 박달, 동쪽의 인덕원, 남쪽의 호계입니다. 그리고 그 중심에 전통의 만안구와 평촌이 있습니다. 이 삼각형은 안양의 미래를 지탱할 새로운 도시 프레임입니다. 삼각형 구조는 세 축만 안정적으로 유지되면 외부 충격에 가장 강한 구조입니다. 안양 역시 이 세 축을 기반으로 삼아 삼각형의 힘으로 미래 산업·교통·주거·환경을 균형 있게 구축해 나갈 것입니다.

도시 재편의 목표는 결국 '삶의 질 향상'입니다. 도시를 재편한다고 하면 많은 분들이 대규모 기반 시설·예산·개발 계획을 떠올리지만, 제가 보는 도시 재편의 진짜 목적은 결국 시민의 삶을 어떻게 바꿀 것인가입니다.

출퇴근 시간이 줄어들고, 교통이 편하면서 안전한 도시, 기업과 청년이 쉽게 자리를 잡을 수 있으며, 환경과 안전이 균형을 이루어, 도시의 미래에 대한 불안이 줄어드는 도시가 필요합니다. 이런 도시가 가능해지려면 근본적인 공간 구조를 먼저 바꿔야 합니다. 안양의 삼각형 전략은 그 목표를 향해 나아가는 도시 재설계의 시작입니다.

●●● 지방의 목소리가 중앙에 더 빠르게 잘 들려야 합니다.

안양 내부를 연결하다

도시 구조의 외곽을 재구성한 뒤의 다음 과제는 '도시 내부를 어떻게 연결할 것인가'입니다. 내부의 흐름을 새롭게 만들고 도시 전체를 하나의 네트워크로 통합하는 일입니다. 안양이 도시로서 갖고 있는 강점 중 하나는 콤팩트, 즉 집약적이라는 것입니다. 도시가 지나치게 넓지 않기 때문에 교통 체계와 스마트 인프라를 정확히 설계하면 도시 전체가 효율적으로 연결될 수 있습니다. 스마트 도시 안양의 시작은 바로 이러한 근거 때문입니다. 도시 내부의 이동·안전·정보 체계를 스마트 도시 전략으로 통합하기 좋습니다. 앞서 기술한 스마트도시통합센터가 이 역할을 해내고 있습니다. 국가재난안전망 연동 시스템, 스마트 CCTV 분석 시스템, 미세먼지·대기질 통합 모니터링, 교통 흐름 분석, 방범·어린이 안전구역 감시, 긴급상황 즉시 대응 시스템이 모두 포함되어 있습니다. 시민 한 분 한 분이 보이지 않는 곳에서 누군가 지켜보고 있다는 신뢰를 갖게 하는 공간입니다.

도시 운영은 충분히 똑똑해질 수 있습니다. 적어도 안양의 행정은 도시를 실시간으로 '이해하고 대응하는 조직'으로 변하고 있습니다.

흔히들 안양시의 면적이 작은 것을 단점으로 꼽지만, 저는 그 반대로 생각합니다. 안양이 작기 때문에 더 빠르게, 더 정확하게, 더 효율적으로 작동합니다. 안양의 도시 크기와 인구 규모는 스마트 도시 시스템을 실험하고 확장하기에 최적의 환경입니다. 우리는 이 장점을 도시의 미래 경쟁력으로 전환해 왔습니다.

자율 주행 버스와 스마트 안전망을 만들 수 있는 이유도 같습니다. 안양은 스마트 도시를 실현하기에 좋은 최적의 조건을 갖고 있습니다. 지금 우리가 수집하는 데이터들은 훗날 교통정책·AI 기반 기반시설 구축·도시 이동권 보장 정책을 수립할 때 그 가치가 다시 빛날 것입니다.

한 도시의 교통 혁명은 도시 안과 밖을 함께 연결할 때 그 진가가 드러납니다. 도시 내부를 스마트하게 연결하는 작업과 함께 도시 외부와의 연결도 그 중요성을 더해 가고 있습니다. 안양의 최고 강점은 교통망이라는 것을 유지하기 위해 계속해서 교통망을 확

●●● GTX-C 노선 정차확정은 안양시민들이 만들어낸 쾌거입니다.

장하고 있습니다. 안양은 수도권 동남부·서남부·서울 남부를 잇는 교통의 중심에 있습니다. 교통망은 기초지방정부가 자체적으로 이뤄내기 힘든 거대한 국가 사업입니다. 그간 중앙정부 각 부처와의 소통과 시민들의 염원으로 우리는 4개의 철도망을 추가로 연결할 수 있게 되었습니다.

GTX-C 노선은 처음 구상 단계에서 안양이 정차역으로 확정되지 않고, 무정차 통과할 예정이었습니다. 도시의 미래 교통망이 안양을 지나가지만 우리는 사용할 수 없게 된 겁니다. 안양시민들은 이를 결코 좌시할 수 없었습니다. 그래서 행정이 먼저 움직였고, 이어 시민들이 마음을 모아 15만 6천 명이 서명한 범시민 운동이 시작되었습니다. 상인회, 주민자치회, 시민단체가 함께 참여해 국토교통부에 서명부를 직접 전달했으며, 이 과정이 여러 언론에도 보도되었습니다.

시민의 절박함과 도시의 미래에 대한 확고한 의지가 한목소리가 되었고, 안양시는 민관이 함께 TF를 꾸려 지속적으로 노선 반영을 요구했습니다. 결국 GTX-C 인덕원 정차가 반영되었고, 월곶~판교선 또한 안양을 관통하는 신산업 벨트의 핵심축으로 자리잡게 되었습니다. 이 성과는 행정의 결단만으로 이뤄진 것이 아닙니다. 도시의 미래를 함께 걱정하고 응원한 시민들, 그리고 정책 대응에 최선을 다한 공직자들의 합심이 만들어낸 결과였습니다.

시민 15만 6천 명의 서명 운동으로 이뤄 낸 GTX-C 노선의 안양정차와 함께 안양과 판교 성남을 연결하는 신산업 벨트의 핵심 노선인 월곶판교선이 안양을 지나갑니다. 서남권 산업 벨트와 안양을 잇는 미래형 철도망 신안산선과 동탄·수원·판교·강남권을 연결하는 남부 중심축의 인덕원동탄선까지 이 네 개의 노선이 모두 개통되면 안양은 반월·시화국가산단, 가산디지털단지, 과천지식정보타운, 판교테크노밸리까지 대중교통 30분 생활권 안으로 들어가게 됩니다. 이 변화는 기업 유치·청년 정착·산업 혁신의 토대가 될 것입니다. 또한 과천의 지식정보타운에 이어 관악산까지의 연결망이 해결된다면 서울보다 안양이 일하기 좋은 조건이 될 수 있습니다.

도시 내부를 스마트 기술로 묶고, 도시 외부를 국가철도로 연결하며 도시 전체를 하나의 네트워크로 통합하게 됩니다. 안양의 도시 구조를 근본적으로 바꾸고 도시의 미래를 다시 쓰는 작업입니다. 앞으로의 안양은 더 빠르게 이동하고, 더 정확하게 대응하며, 더 안전하게 생활하고, 더 편리하게 연결되는 도시로 진화하게 될 것입니다.

과거에서 배워 미래를 만드는 도시

도시를 바꾸는 최종 목적은 결국 새로운 기회를 만들기 위해서입니다. "어떤 도시가 미래의 기회를 더 많이 만들 수 있는가?" 기회는 산업에서 나오고, 청년에게 돌아가며, 도시의 지속 가능성을 높이는 데 기여해야 합니다. 기존의 산업 기반만으로는 기후위기·AI 혁명·인구감소라는 거대한 변화에 도시가 오래 버티기 어렵다는 것을 현장에서 너무나 생생하게 느꼈기 때문입니다. 게다가 수도권 억제 정책으로 인해 안양시에 있던 기존 산업 시설은 모두 안양을 떠났습니다.

안양시는 AI 중심의 신산업, 청년 중심의 창업, 녹색 중심의 순환경제 산업으로 전환하는 전략을 추진해 새로운 미래를 설계해 왔습니다.

기업 유치나 산업지원 정책의 중심에는 반드시 사람이 있고, 그 중에서도 청년이 있어야 합니다. 청년이 도시를 선택하게 만들 수 있는 도시만이 지속 가능한 도시가 됩니다. 청년 기업·스타트업·기술 창업이 안양을 떠나지 않고 안양에서 실패를 해도 다시 도전할 수 있으며 안양에서 성장해 나갈 수 있는 도시를 만드는 것, 그것이 안양시가 만들어 온 산업 정책의 중심 철학입니다. 이를 바탕으로 중소기업 지원, 기술개발비 지원, 창업 펀드 조성, 청년 창업 생태계 조성으로 이어졌습니다. 또한 이 지원은 모두 시민의 세금으로 이루어지니, 세금이 어떻게 지역 성장의 자산이 되는지 보여줘야 합니다.

"시민의 세금이 어떻게 지역의 성장 자산이 되는가"를 보여 주는 매우 중요한 성취이기도 합니다. 안양에서 창업하고, 안양에서 일하고, 안양에서 성장할 수 있도록 지속적으로 노력해 왔습니다. 이제 안양에서 커리어를 쌓을 수 있는 도시가 되어야 합니다.

또한 우리 안양은 경기남부 산업벨트의 중심에 있으면서도 서울·판교·과천과 인접해 AI·바이오·핀테크·반도체 관련 기업의 천연적인 배후 도시 역할을 할 수 있는 잠재력이 있습니다. 안양의 도시 특성을 활용해 AI 산업의 테스트 필드로 전환해야 합니다. AI 기반 기업 유치와 기술 고도화를 지원하고, 도시 자체를 AI로 운영

2025년 말, 안양시는 자율주행 자동차 시범운영지구 평가에서 국토교통부로부터 지자체 중에 가장 높은 등급인 A등급을 받았습니다.

하는 스마트 인프라를 구축해서 직접 기업들에게 보여 주는 겁니다. AI와 환경을 결합한 기후테크·녹색산업 육성에서 안양시가 미래가 되어야 합니다.

안양시가 수립한 4차 산업혁명 촉진 종합계획(2025~2029)에서도 잘 제시되어 있습니다. 도시가 하나의 거대하되 안전한 실험실이 되는 도전하는 안양시가 되어야합니다. 신성장의 에너지는 환경정책·기후정책·안전정책과 함께 가야 합니다. 안양은 기후기업·친환경기업·순환경제기술 기업을 '미래 산업'으로 규정했습니다.

새로운 시대의 산업 전환의 핵심은 ESG입니다. ESG는 도시가 나아가야 할 방향입니다. 우리 안양도 EGS 경영의 선두 주자입니다. E, 환경: 탄소중립·녹색성장·순환경제, S 사회: 노동환경 개선·청년 기회 확대·안전망 강화, G 거버넌스: 투명한 행정·민관 협력·데이터 기반 의사결정이라는 세가지 요소가 안양의 산업정책과 도시정책을 물 흐르듯 연결합니다. 각각을 따로따로 추진하는 시대는 끝났습니다. 모든 것이 하나의 방향으로 모아져야 지속 가능성이 생기고 도시는 비로소 미래를 가질 수 있습니다.

시민이 통치하는 안양

도시를 바꾸는 힘은 결국 시민에게 있습니다. 저는 시장이 되기 전부터 정치란 결국 '사람의 일'이라고 생각해 왔습니다. 아무리 거대한 계획을 세우고, 스마트 도시 시스템을 만들고, 교통 혁명을 이뤄 낸다 하더라도, 도시의 주인이 시민이 아니라면, 도시는 껍데기만 화려한 구조물에 불과합니다. 안양을 꾸리는 힘, 안양을 바꾸는 힘, 안양을 미래로 이끄는 힘은 결국 시민에게서 나옵니다.

즉 시민이 매일의 삶에서 도시 운영에 참여해, 더디더라도 이뤄야 할 것은 생활 민주주의입니다.

비상계엄 이후, 시민들은 다시 민주주의를 중심에 놓고 회복하고 있습니다.

민주주의는 중앙정부의 건물이 아니라 참여하는 시민의 발걸음에서 시작된다는 것을 다시 깨달았습니다. 제가 지키고자 했던 민주주의는 시민의 삶은 위한 것이었습니다. 이것은 지방정부의 책무였습니다. 누군가를 겨냥한 정치 투쟁이 아닙니다. 제 결정의 든든한 뒷배 역시 시민이었습니다.

안양은 주민참여도 상당히 유명하지요. 주민자치회, 주민자치위원회, 동 단위 자치사업, 생활 의제 발굴 등 풀뿌리 민주주의를 강화하기 위한 많은 실험을 해 왔습니다. 안양시 주민자치대회는 각 동의 우수 자치 사례를 시민 앞에서 직접 공유하고 주민자치의 성취를 함께 나누었습니다. 도시재생도 주민스스로 이끌어나가며 수년 째 자립하는 마을 공동체를 구성하고 있습니다. 주민참여는

안양시 주민자치협의회는 작품전시회와 동아리 활동 발표도 합니다.

시민이 도시 문제를 '공동의 문제'로 인식하게 하는 가장 효과적인 민주주의 장치입니다. 우리 동네 가로등을 어디에 설치해야 하는지, 노후 골목의 안전을 어떻게 확보할지, 소규모 공원을 어떻게 개선할지, 돌봄·교육·문화 의제를 어떤 방식으로 해결할지, 이 모든 것을 주민 스스로 결정하는 구조가 만들어질 때, 도시는 수평적으로 작동합니다. 이 수평 민주주의는 한국인들이 좋아하는 가치 지향이기도 합니다. 또한 안양시는 그 어느 도시보다도 앞장서서 거버넌스 구조를 만들기 위해 노력해 왔습니다. 시정을 결정할 때 주민들의 의견을 묻기 위한 자문 기구와 위원회를 두고 있고, 공약 사항도 위원회를 통해 점검합니다. 시청의 노력에도 불구하고 시민들이 체감하지 못하는 경우가 많아 공익활동지원센터와 노동인권센터와 같은 중간 조직을 설치해 시민과 행정 사이의 가교 역할을 맡겼습니다.

지방정부는 시민을 대신해 결정하는 것이 아니라, 시민이 스스로 결정할 수 있는 구조를 만들어야 합니다. 시민이 만드는 민주주의는 위기에서 더욱 빛납니다. 민주주의는 아파트 반상회, 동 주민센터 회의, 골목 회의처럼 삶의 한가운데서 자라나는 것입니다. 이제 우리는 이 힘으로 혐오와 차별을 몰아내는 새로운 민주주의의 역사를 써야 합니다.

'정치'와 '행정'은 철저하게 구분할 수 없습니다. 저는 지방정부가 중립적 태도로 행정만 해야 한다는 오래된 관념에 동의하지 않습니다. 중립이 아니라 면피 아닐까요. 시민의 삶이 정치의 영향을 받는 순간 지방정부는 정치적이어야 합니다. 그러나 그 정치성은 정당의 유불리가 아니라 시민의 권리와 민주주의의 방향으로만 향해야 합니다. 왜냐하면 정치는 통치행위이며, 대한민국의 통치행위의 주권은 오로지 국민에게 있기 때문입니다. 그 어떤 위임받은 권한도 국민 위에 군림할 수 없습니다. 도시 문제의 절반 이상이 중앙정치에서 결정됩니다. 중앙정치가 흔들리면 시민의 삶이 흔들립니다. 민주주의를 지키고, 시민의 권리를 지키기 위해 지방의 목

안양시 공익활동지원센터 개소식.

●●● 시민들과 어울릴 때 가장 즐겁습니다.

소리를 중앙 정치에 전달하는 일은 모두 지방정부의 책임입니다. 안양은 그 책임을 회피하지 않았습니다.

주민자치는 경제정책의 기초가 되고, 생활 민주주의는 도시 재편의 정당성을 만들며, 시민 참여는 도시 계획의 지속 가능성을 높입니다. 그렇기 때문에 민주주의는 도시의 정치 가치인 동시에 도시 발전 전략이기도 합니다.

비상계엄 이후 대한민국은 지금 새로운 길을 찾고 있습니다. 도시는 국가의 민주주의 그릇을 다시 짜야 하는 시대를 살고 있습니다. 기초지방정부인 전국의 시군구는 그 길의 맨 앞에 서 있습니다. 민주주의의 위험을 외면하지 않았고, 시민의 목소리를 정치의 중심에 놓았으며, 지방정부의 책무를 회피하지 않았습니다. 앞으로 안양은 그동안 만들어 온 생활 민주주의를 바탕으로 도시의 경제·산업·환경·안전을 재구성하는 대한민국의 대표적 모델 도시가 될 것입니다.

도시는 단순한 공간이 아니라 시민이 민주주의를 살아내는 무대입니다. 안양이라는 무대는 이미 많은 시민들이 함께 세워 온 무대이고, 이 무대 위에서 우리는 새로운 미래를 만들 준비가 되어 있습니다.

그동안 안양시는 숨가쁘게 많은 것을 만들어 왔습니다. 시민과 공직자 모두 함께 만들어 낸 결과입니다. 그러나 아직 많은 것들이 흩어져 있고 끊어져 있습니다. 나라를 세우고 민주정부를 갖게 된 지 그리 오래되지 않았습니다. 지방자치는 고작 30년입니다. 그 사이 제대로 된 이땅의 정신을 바탕으로 지역을 바로 세우는데 수많은 민중의 노력이 있었습니다. 이제 대한민국은 새로운 시대로 접어듭니다. 기술로 확장하되 인간의 존엄을 지킬 수 있는 유능하고 성실한 행정과 정의롭게 명예를 지키는 정치가 필요합니다. 그동안 필요에 의해 수립되었던 정책이 하나로 묶여 격차를 줄여나가는 통합 행정이 필요한 시기이며, 이제 시도할 만한 능력도 갖추었습니다.

안양시도 마찬가지입니다. 그동안 만들어온 것들을 이제 하나씩 꿰어야 합니다. 구슬도 꿰어야 보배라는 말처럼 안양시 곳곳에 흩어져 있는 귀중한 구슬을 찾아내어 연결시켜야 합니다. 그 역할은 시민들이 함께해 주어야만 합니다.

그래서 비워 두었습니다. 이 도시의 다음 문장은 여러분이 채워 주십시오.

겸허히 듣되, 힘차게 나아가겠습니다. ■

도시의 다음 문장 : ＿＿＿＿＿＿

초판 발행일 2025년 12월 19일
지은이 최대호
펴낸이 이재정
디자인 디자인스튜디오 앤썸
펴낸곳 도서출판 은빛
출판등록 2013년 4월 26일
주소 서울특별시 용산구 한강대로38가길 17, 201호
전화번호 070-8770-5100

ISBN 979-11-87232-42-1 03350
* 이 책의 내용은 저작권법의 보호를 받는 저작물이므로 무단전재와 복제를 금합니다.